우리의 찬란한
완주를 위하여

우리의 찬란한
완주를 위하여

건강, 육아, 사내 정치질에 주저앉지 않고
내가 일하고 싶을 때까지 일하는

이현승 지음

SAY KOREA

들어가며

학교 수업도 열심히 듣고, 선생님들을 쫓아다니며 수행평가에 대해서 자세히 묻고, 팀 과제에 가장 열심히 참여하고, 학원가 유명 강사 정보를 누구보다 빠삭하게 파악하는 학생은 내신 몇 등급일 확률이 높을까요?

바로 3등급입니다. 상위 12~23%.

1등급 4%는 본인의 성적을 지키기 위해서 노력할 뿐 다른 일에는 관심도, 신경 쓸 시간도 없습니다. 2등급 5~11%는 1등급이 되기 위해서 위만 보고 달릴 뿐 역시 잡다한 문제는 관심사가 아니죠. 3등급은 상위권이긴 하지만 완전한 상위권은 아니고, 하위권은 더더욱 아닙니다. 어쨌든 공부를 잘하는 편이니 선생님들이 예뻐할 것 같지만 중요한 순간에는 1, 2등급에 밀리기 마련인 3등급. '나도 곧 1등급이 될 수 있어!'라며 스스로를 희망고문하며 도서관, 교무실, 학교행정실, 학원조교실, 스카에서 열정을 불태우는 3등급.

저는 3등급의 삶을 살았던 것 같습니다. 하루에 3시간 자면 대학 가고 4시간 자면 대학 못 간다는 '3당4락'의 믿음으로, 도서관 100원짜리 밀크커피를 일곱 잔씩 마시며 멍하게 밤을 새워 공부했고, 새벽에는 축구 드리블 실기시험을 연습한답시고 눈도 못 뜬 채 아파트 공터를 달렸죠. 물론 성적도 축구 드리블도 1등은 하지 못했고요. 대학을 졸업하고 취업해서도 '열심히 한다. vs. 더 열심히 한다.'로만 이루어진 선택지 속에서 치열하게 일하다가 어느덧 나이 50이 되었습니다.

1, 2등급을 하던 친구들과 함께 50이 되었는데, 이제는 그 친구들 중 절반도 원하는 일을 원하는 만큼 하지 않거나 못하고 있습니다. 아이 문제로 일을 그만두기도 했고, 회사에서 소위 '정치'에 밀려나 다투다가 나오기도 했고, 자궁적출이나 유방암 등의 질병으로 그만두기도 했습니다.

본인이 원해서 일을 그만두고, 하기 싫어서 안 하는 것이라면 무조건 응원합니다. 인생에서 재미나게 노는 것만큼 값진 일이 얼마나 되겠어요. 그러나 실상은 아파서, 이제 하루 종일 회사에서 집중할 만큼 체력이 되지 않아서, 아이를 돌봐줄 사람이 없어서, 아이가 학교생활에 적응을 잘 못해서, 회사의 조직 개편 때 엉뚱한 자리로 밀려나서, 내가 하고 싶지 않은 일을 계속 시켜서, 상사가 성추행을 해서 등등의 이유로 내가 원하는 일을 더 이상 이어가지 못하고 중도에 하차하는 경우가 대부분입니다. 솔직히 말해서, 자발적으로 "이제 이 일 그만하고 내가 하고 싶은 일을 해야겠다!"며 일을 그만두는 경우는 거의 본 적이 없습니다.

　내가 원하는 일을, 원하는 만큼, 원할 때까지 하는 것이 이렇게 어려울 줄은 몰랐습니다. 지금까지 3등급 인생을 살아오며 노력하면 뭐라도 될 것이라는 믿음으로 달리고 또 달릴 수 있었지만, 이제는 체력이 안 돼서, 발목이 아파서, 하혈이 심해서 달릴 수가 없게 되었습니다. 맞닥뜨리고 보니 '희망고문'보다 더 나쁜 게 '희망타협'이네요. '이 정도면 됐지 뭐. 할 만큼 했어.'

우리의 찬란한 완주를 위하여

현실적으로 아이를 낳아 키우고 내 일까지 하면서 자기 몸에 좋은 음식 챙기고 퇴근 후에 매일 운동하는 삶은 불가능합니다. 아이가 학교에 입학했다고 적응할 때까지 한 학기 정도 휴가를 내고 아이를 지원해주는 일이, 복지가 좋은 대기업에서는 가능하려나요? 대한민국의 직장 여성 대부분이 근무하는 중소기업 직장인이나 자영업자는 꿈도 꿀 수 없습니다. 내가 기껏 일해놓으면 공만 쏙쏙 채가는 팀장, 내 성과를 본인이 예뻐하는 2파트로 넘겨주는 부장을 회사에 고발하고 내가 팀장이 되는 일은 드라마에서나 가능하죠. 아니 우리가 일 안 하고 놀고먹겠다는 것도 아닌데, 몸 아파서 그만두지 않고, 부장에게 까여서 물러나지 않고, 아이 때문에 포기하지 않고, 그렇게 우리가 원할 때까지 스스로 동의할 수 있는 방식으로 일할 수는 없는 걸까요?

　여기 그 방법이 있습니다. 우리 세대는 앞에 선배들이 거의 없었습니다. 여성 임원 1호가 나왔다는 게 각 기업의 자랑이던 시절에 팀장을 했으니까요. 그런데 여러분에게는 우리가 있습니다. 더럽고 치사해도 여전히 자리를 가열하게 지키고 있거나, 자리에 있지는 못해도 "그렇게 했으면 좋았을 텐데."

라고 본인의 경험을 나누어줄 수 있는 우리 세대가요. 그 대표로 제가 이 책을 썼습니다. 족집게 정답을 정리해줄 수는 없지만, 오답을 정리해줄 수는 있습니다.

3당4락, 대표적인 오답입니다. 그렇게 하면 몸 축나고 정신 피폐해집니다. 이제는 압니다. 내 건강은 의료인과 함께 과학적으로 지켜야 하며, 상사와의 관계는 면밀한 관찰과 기록에 의한 전략적 대화로 풀어야 하며, 아이들을 키우는 것은 프로 엄마들과 긴밀한 관계를 맺고 도움을 주고받아야 한다는 것을요. 성공 신화가 아니라 평범한 경험에 의한, 신데렐라가 아니라 어느 학교에나 있는 뭐든 열심히 하는 3등급 언니의 '경력 완주 지침서'를 나누고 싶었습니다. 완성형 교훈을 주고 싶었지만, 지금도 여전히 매일매일 어제를 반성해야 하는 삶을 살고 있기에 우당탕 진행형 조언을 썼다는 점은 양해를 구해봅니다. 이 책에서 여러분의 커리어 완주에 도움이 될 만한 내용을 하나라도 얻으신다면 무한한 영광이겠고, 그렇지 않더라도 '맞아, 맞아.' 하며 잠시라도 공감하신다면 그 또한 기쁨일 것입니다.

이 책에 다룬 제 주변에서 일어났던 모든 일과 그 사건의 주인공인 친구들에게 이 책의 모든 지분이 있습니다. 긴 시간 까칠한 내 곁에 있어주어 고맙다, 내 친구들.

 이 책을 집필할 수 있도록 독려와 채찍을 가해주신 세이코리아와 커리어케어 신현만 회장님께 감사드립니다. 오타투성이 책을 멋지게 만들어주신 세이코리아 팀에게도 감사드립니다.

 마지막으로, 제가 세상에서 가장 하기 싫었던 게 사업인데, 딱 맞는 일이니 해야 한다며 저를 믿고 투자해주신 CNK파트너스 강호창 의장님과 우리 회사 맹미나, 이남이 실장님께 진심으로 감사하다는 말을 전하고 싶습니다.

이현승

차례

들어가며 | 004

01 건강과 체력, 완주를 위한 코어 기르기

여자들은 언제 달리기를 멈출까? | 015
슈퍼 가듯 병원에 가자―병원사용설명서 1 | 024
이럴 땐 이 병원!―병원사용설명서 2 | 032
내게 맞는 병원 찾는 법―병원사용설명서 3 | 042
오늘도 눈부신 너에게―20대 여성 건강관리법 | 054
가방 살 돈을 몸에 투자해야 하는 나이―30대 여성 건강관리법 | 065
이제부터 웃음기 싹 사라질 거야―40대 여성 건강관리법 | 076
청담동 부자는 늙어 죽지 아파 죽지 않는다―50대 여성 건강관리법 | 092
나 자신을 연예인이라고 생각하고 관리하자 | 106

02 육아, 그 고독하고 지난한 터널을 통과하기

나는 희생하지 않기로 했다 | 121
육아와 공존할 수 없는 것들 | 131
왜 '워킹맘'이라는 말만 있을까? | 141
일하는 엄마가 엄마 네트워크에서 살아남는 법 | 150
엄마가 하는 게 이런 거야? | 160

03 예의가 없어서 (안) 죄송합니다

예의가 없어서 (안) 죄송합니다 | 173
은밀하고 위대한, 오피스 빌런 제거법 | 181
웃어라, 온 세상이 너와 함께 웃을 것이다; 울어라, 너 혼자 울게 될 것이다 | 192
성희롱을 당했다 | 202
김대표는 왜 그럴까? | 213
당신은 감정 쓰레기통이 아니다 | 223
이직, 나의 몸값은 얼마인가 | 234
받은 만큼 일할게요 vs. 준 만큼 일하세요 | 240
당신을 위하는 자, 위해를 가하는 자 | 251

04 어서 와, 관리직은 처음이지?

전설적인 영업사원이 임원까지 되었지만 퇴사한 건에 대하여 | 267
야생의 생존 법칙, 대표의 시간을 획득하라 | 276
리더의 침묵은 금이 아니다 | 284
차야 할 공(功)을 앞에 두고 | 291
부하 직원의 퇴사에 질척거리지 않으려면 | 301
나는 쿨해질 수 있을까 | 309
다 좋아요, 지하 식당만 빼고 | 316
전무님, 정말 구두 벗어서 술 마셨어요? | 326

건강과 체력, 완주를 위한 코어 기르기

01

여자들은 언제

달리기를 멈출까?

대한민국의 여자들은 정말 쉼 없이 달린다. 단순한 트랙이 아니라 직장과 가정이라는 이중 장애물 코스를. 직장에서 "아이 때문에 일에 집중을 못 한다."는 소리를 들을까 노심초사하는 한편, 가정에서 육아나 가족 대소사를 소홀함 없이 챙겨야 한다. 공적 영역에서는 남자들과 똑같이 경쟁하고, 사적 영역에서는 두 배의 책임을 감당하는 것이다. 그 과정에서 양쪽 모두 완벽하지 못하다는 생각에 죄책감을 느끼기도 한다.

그렇게 직장인+주부+엄마의 삼중 역할을 감당하며 숨 가쁘게 질주하던 이들이, 어느 날 갑자기 하나둘씩 안 보이기 시작한다. 남자 동료들과 동등하게, 아니 그 이상으로 투지를 불태우며 자신의 커리어에서 가장 높은 곳에 도달하기 직전까지 왔는데, 결승선을 코앞에 두고 일을 내려놓는 것이다. 시기적으로는 주로 '4말 5초', 즉 마흔 후반에서 쉰 초반이 많다. 짐작하겠지만 대부분 건강상의 이유다. 사실 아무리 몸이 아파도 아내나 엄마 역할을 중단할 수는 없다. 그러다 보니 결국 평생 아등바등 지켜온 직장인이라는 타이틀을 포기하게 되는 것이다.

여자들이 완주하지 못하는 이유

20대나 30대에 가깝게 지내던 친구들도 나이가 들면 가뭄에 콩 나듯 연락하게 된다. 각자 챙겨야 할 식구들도 있고 일도 바쁘기 때문이다. "언제 한번 봐야지?" 정도의 카톡 안부 인사가 전부다.

그러다가 어느 날 친구에게서 전화가 걸려오면 가슴이 철령 내려앉는다. 놓친 전화에 이은 카톡 메시지가 "안녕. 전화 한번 줄 수 있어?"라면 아주 높은 확률로 어디가 아프다는 소식이다. 그나마 내가 일궈온 경력의 상당 부분이 의료계와 맞닿아 있어, 누군가가 아프다는 소식을 들었을 때 그저 함께 마음 아파하는 데서 그치지 않고 적절한 치료법이나 병원을 조언해줄 수 있다는 점이 다행이랄까.

얼마 전에 20년 전 직장 동기들과 모였다. 30대, 직장인으로 가장 패기 넘치고 쌩쌩하던 시절 만난 동료들이다. 당시 열정적으로 일하던 이들은 지금도 사장, 임원 등으로 각자의 자리에서 커리어를 이어가고 있다. 그날 모임의 계기는 한 친구의 유방암 투병 소식이었다. 그런데 막상 만나 보니 너나없이 몸 성한 친구가 없었다. 누구는 자궁을 들어냈고, 누구는 당뇨와 고혈압을 달고 살고, 누구는 퇴행성관절염으로 고생 중이었다. 한숨만 나왔다.

이들은 모두 명민하고, 능력 있고, 누구보다 치열하게 일했던 여자들이다. 명문대를 졸업하고 기업에서 능력을 인정받았으며 사회적으로 좋은 조건의 배우자와 가정을 이룬, 이른바 성공한 여성들이다. 그러나 50대 중반 나이가 되어 깨달은 것은, 명석한 두뇌나 자신감 넘치는 커리어우먼의 삶과 '스스로의 건강을 관리하는 능력'은 전혀 별개의 문제라는 사실이다.

그렇다면 열심히 커리어 트랙을 달리던 여자들은 왜 결국 아파서 그곳을 벗어나게 되는 걸까? 내가 이런 질문을 하면 남자도 질병으로부터 자유로울 순 없다는 볼멘소리가 들려온다. "남자가 더 일찍 사망하지 않느냐."는 반문을 하기도 한다.

물론 실제 통계적으로 여성의 기대수명은 남성보다 월등히 높다. 2023년 국립보건연구원의 제5차 여성건강통계에 따르면, 여성의 기대수명은 86.6세로 남성의 80.6세보다 6년 길었다. 하지만 기대수명보다 중요한 건 건강수명이다. 사람이 건강한 몸으로 살아갈 수 있는 나이는 평균 65세라고 한다. 그렇다면 그 이후 20~25년은 어딘가 아픈 채로 의학에 의지하여 버티며 살아야 하는 것이다. 그런데 질병에 대한 부담은 여성이 훨씬 크고 아픈 기간도 더 긴 것으로 나타났다. 그 이유 중 하나는 여성에게 완경이 있기 때문이다. 남성은 10대 후반부터 서서히 남성호르몬이 감소하지만, 여성은 완경과 동시에 35% 이상의 여성호르몬이 급격하게 감소한다. '갱년기'가 오는 것인데, 갱년기는 사실 질병이 아니라 '호르몬의 급격한 변화에 몸이 적응하는 기간'을 뜻한다. 얼굴이 붉어지고, 감정 조절이 되지 않는 감정장애에 시달리고, 갑자기 살이 찌고, 자기도 모르게 오줌이 새는 요실금을 겪는다. 갱년기 삶의 질은 '갱년기 전 10년을 어떻게 관리했느냐'에 의해 결정되고, 나아가 노년기 건강은 갱년기의 영향을 크게 받는다. 당연하게 모든 인생의 주기는 연결되어 있기 때문이다.

 남성도 갱년기를 겪지만 여성처럼 몇 년 동안에 집중적으로 겪지는 않는다. 사실 중년 이후 남성의 건강은 주로 술과 담배, 식성 등 자기관리에 달린 경우가 많다. 한편 여성은 갱년기 이후 유방암, 자궁암, 난소암 등 여성 고유의 암 발병률이 급증하는 동시에 고혈압, 고지혈증, 심혈관질환 위험도 높아진다. 65세 이상 여성의 고혈압 유병률은 남성보다 높고, 골관절염은 남성의 세 배에 달한다. 한때 남성의 병이라 여겨졌던 폐암, 췌장암마저 여성 환자가 급증하는 추세다. 심지어 스트레스와 우울장애 역시 남성보다 여성에게 더 흔한데다, 우울증은 장기적으로 치매 위험을 높이는 요인이 되기도 한다.

이처럼 여자들이 커리어를 중도에 포기하는 것은 단순히 개인의 자기관리 실패라기보다, 건강을 유지하기에 여성이 더 불리한 생물학적 조건과 사회적 환경에 놓여 있기 때문일 수 있다. 억울하게 느껴질지 모르지만, 이것이 우리가 마주한 현실이다.

그러니 인정하자. 여성의 건강한 삶은 더 많은 노력과 관리를 요구한다. 그렇다고 이를 숙명처럼 받아들이고 '자연스럽게' 포기해야 할까? 실제로 많은 여성이 몸이 아파 일을 그만둘 때 '이만하면 됐지.', '어차피 쉬고 싶었는데 잘됐다.'며 스스로 합리화하곤 한다. 하지만 이런 자기위안은 사실 체념을 포장하는 정신승리에 가깝다. 내가 스스로 선택해서 맺는 끝과 원하지 않는데 어쩔 수 없이 맺어야 하는 끝은 천지 차이다.

우리는 '커리어를 관리한다.', '커리어를 쌓는다.'는 말을 자주 쓴다. 하지만 관리를 하거나 쌓으려면 재료가 있어야 한다. 실제 커리어는 레고 블록처럼 이미 만들어진 조각을 쌓는 것과는 다르다. 아무것도 없는 상태에서 매일의 성실함으로 '성과'라는 벽돌을 만들고, 그 벽돌이 모여 비로소 '커리어'라는 집이 지어지는 것에 가깝다.

결국 우리가 진짜 관리하고 쌓아 올려야 할 것은 바로 '건강'과 '체력'이다. 건강은 어느 정도 타고나더라도 시간이 흐르며 조금씩 마모되어가기 때문이다. 체력 역시 꾸준한 노력으로 하나하나 쌓아나가야 하는 기초공사와 같다. 이 기초가 튼튼해야만 커리어 '완주'가 가능하다.

여자들의 커리어 레이스 완주를 꿈꾸며

얼마 전 유방암으로 항암치료를 시작한 친구를 만났다. 그 친구는 이런저런 이야기 끝에 이렇게 말했다.

"그동안 정말 열심히 살았는데, 아프고 나니 열심히 안 산 사람이 더 잘 살더라."

남편의 사업 실패 후, 내 친구는 그 집안의 실질적 가장이었다. 그 와중에 아들은 고등학교 3학년이었고, 친구는 회사에서 중책을 맡고 있었다. 그 시간이 얼마나 치열했는지 잘

아는 나는 친구의 말에 긍정도 부정도 할 수 없었다. 그 시간을 어떻게 버텨냈는데, 이제 좀 살 만해지니 몸이 아프다니. 그 좌절의 깊이를 안 겪어본 사람은 헤아릴 수 없을 것이다.

병상에서 내 친구는 책을 읽고 있었다. 비슷한 병을 앓는 여자들이 서로에게 위안을 건네는 내용이었다. 잠시 책장을 넘겨보니 세상엔 아픈 여자들이 참 많았다. 하나같이 절절한 사연이었다. 병원 치료도 중요하지만, 이러한 정신적 공감과 위로 역시 투병 과정에서 빼놓을 수 없는 버팀목이다.

하지만 그 책을 보며 여성들이 몸이 아픈 후에야 읽는 책이 아니라, 아프기 전에 미리 읽을 수 있는 책이 있으면 좋겠다는 생각을 했다. 치열하게 삶을 일궈온 여자들이 애초에 병으로 인해 좌절하는 상황을 맞닥뜨리지 않도록 돕고 싶었다. 그러려면 우선 여자들 스스로 자신의 몸이 지닌 특성을 이해하고, 질병이 찾아오기 전에 미리 관리할 줄 알아야 한다. 그리고 설령 병이 찾아오더라도 조기에 발견하여 신속히 회복하는 방법도 알아야 한다.

사람마다 각자의 강점이 있다. 따뜻한 감성으로 위로를 잘 건네는 사람이 있는가 하면, 현실적인 조언에 능한 사람도 있다. 나는 명백히 후자에 속한다. 그래서 생각했다. 공감과 위로는 잘할 수 있는 사람에게 맡겨두고, 나는 내가 잘할 수 있는 이야기를 해야겠다고. 그게 바로 이 책을 쓰게 된 이유다.

일, 가정, 육아……. 우리 사회 여성들은 이미 많은 것을 노력으로 일구어왔고, 앞으로도 그럴 것이다. 그 성취 위에 단 하나, '건강'이라는 자기관리 역량을 더하자. 열심히 달리다가 억울하게 멈추는 일이 없도록, 마지막 순간까지 자신이 원하는 대로 레이스를 완주할 수 있도록 말이다. 이제부터 우리 모두의 완주를 위한 이야기를 해보고자 한다.

슈퍼 가듯 병원에 가자

병원사용설명서 1

한국 사람들이 처음 미국에 가면 드러그스토어를 방문하고 신기해하곤 한다. 한국에서는 의사의 처방 없이는 구매할 수 없는 의약품이나 건강기능식품을 거기선 치약 사듯 쉽게 살 수 있기 때문이다. 영문 모르는 사람들은 "와, 역시 미국은 선진국이야.", "우리는 왜 이런 걸 안 팔지?"라며 부러워하기도 한다. 하지만 사정을 알고 나면 결코 부러워할 일이 아니다.

현재 미국의 1인당 의료비 지출은 OECD 평균의 두 배 이상이다. 심지어 높은 의료비 때문에 많은 사람이 파산에 내

몰리는 상황이다. 감기로 병원 한번 가면 수십만 원, 사랑니 하나 뽑는 데 수백만 원이 나간다는 이야기는 다들 한 번쯤 들어봤을 것이다. 우리나라에서는 병원에서 처방받고 약국에서 약을 타면 몇 만 원으로 해결되는 질환도, 미국에서는 몇 십 배나 비싸다. 그러다 보니 미국 사람들은 병원 대신 드러그스토어에 가서 일반의약품을 사고, 의사 처방 없이 스스로 건강을 관리하는 것이다.

그에 비해 우리나라의 1인당 의료비 지출은 OECD 평균 이하 수준이다. 심지어 다른 나라에 비해 의료 접근성도 뛰어나다. 호주나 캐나다처럼 공보험이 잘되어 있는 외국에 사는 지인들이 있다면 한번 물어보자. 전문의 얼굴 한번 보기가 얼마나 힘든지. 우리에겐 당연하게 느껴지지만 사실 우리처럼 진료 대기 시간이 짧고 원하는 시기에 의료 서비스를 이용할 수 있는 것 자체가 세계적으로 드문 경우다. 전문의에게 한번 진료를 받기 위해 오랜 시간 기다려야 하는 나라가 더 많다.

그리고 우리가 만나는 의사들은 또 얼마나 똑똑한 사람들인가. 고등학교 다닐 때 내 옆자리에 정말 공부 잘하는 친구가 있었다. 전교 1등을 놓치지 않기 위해 그 친구는 매일 계획표를 짜고 하루하루를 치열하고 성실하게 살았다. 결국 그 친구는 서울대 의대에 갔다. 의대는 그런 친구들이 가는 곳이다. 그렇게 선발된 인재들이 의대에서도 자신을 불태워가며 공부하고 전공의가 되어선 고된 학업과 과중한 업무 부담을 동반한 수련 과정을 거친다. 의사가 되어서도 쉽지 않다. 직업상 의사들을 많이 만나는데, 사실 의사들을 보며 드는 생각은 '이렇게 워라밸이 안 좋은 직업을 왜들 하고 싶어 하는지 몰라.' 정도다.

  물론 대한민국 의료 체계에도 많은 문제점이 있다. 그럼에도 불구하고 여전히 우리나라는 우수한 의료 인력에게 상대적으로 낮은 비용으로 전문적인 진료를 받을 수 있는 나라에 속한다. 적어도 의료 측면에서 다른 나라와 비교해보면, "대한민국에 살고 있다는 것 자체가 축복"이라는 말이 절로 나올 것이다. 그런데 우리는 예컨대 피임을 위해 산부인과에 가서 피임제 처방을 받지는 않는다. 왜일까?

근데 병원에는 왜 안 가세요?

대한민국에는 고질병이 있다. 병원 방문을 꺼리는 경향, 즉 일종의 '병원 기피 현상'이다. 정기적으로 병원만 가도 미리 대비할 수 있는 질병이 얼마나 많은데, 이 좋은 인프라를 두고도 병원 가는 걸 피하고 미룬다. 대체 왜 안 가는 걸까? 보통은 두 가지 이유인 것 같다.

가장 흔한 경우는 의학적 치료 대신 대안적 방법에 의존하려는 경향이다. 무슨 증상이나 질환이 화두에 오르면 바로 "뭐 먹으면 좋아요?"라는 질문부터 나온다. 의학적 진단과 치료보다 식이요법이나 건강기능식품 섭취를 통해 건강 문제를 해결하려고 하는 것이다. 텔레비전을 보면 전문가라는 사람들이 나와서 특정 식품의 효능을 과장해 전달하며 마치 병원 치료를 대체할 수 있는 양 묘사하는 일도 빈번하다. 유튜브 영상은 한술 더 떠서, "이럴 땐 병원 가지 마세요!"로 시작해 "이것만 먹으면 병원 안 가도 돼요."로 끝난다. 물론 의학적 근거가 부족할뿐더러 잘못된 정보가 허다하다.

사실 몸에 좋다는 음식이나 영양제로는 근본적인 문제를

해결할 수 없다. 애초에 먹는 것으로 몸이 나았으면 병원이 왜 필요하겠는가? 이는 현대 의학의 발전과 의료기관의 존재 이유를 정면으로 부정하는 행위나 마찬가지다. 음식이나 영양제는 증상 완화나 건강 유지에 보조적인 역할을 하는 정도로 받아들여야 한다. 뭘 자꾸 먹어서 해결할 생각을 하지 말고 일단 병원에 가서 전문가의 조언을 받는 것이 먼저다.

사람들이 병원에 잘 안 가려는 또 다른 이유는 의료진 및 의료 시스템에 대한 뿌리 깊은 불신이다. 사실 평범한 개인 입장에서는 병원이나 의사에 대한 신뢰도가 낮을 수밖에 없다. 뉴스에는 심심찮게 돈을 목적으로 비윤리적 행위를 하는 의사가 나오고, 정권이 바뀔 때마다 의료진들을 '특권 계층'으로 상정한 정책이 나온다. 그러다 보니, 환자로서는 '이 의사가 나한테 정말 필요해서 이 치료를 권유하는 걸까, 아니면 과잉 진료로 돈을 벌려는 걸까?'라는 의심이 든다. 환자가 진단 및 치료의 적절성을 판단하기 어렵기 때문이다.

의사와 환자라는, 정보의 극단적인 비대칭 상황에서 의사 말을 신뢰하기 어려운 심정은 이해한다. 하지만 판단하기 어렵다는 이유로 무작정 병원이나 의사를 거부하다가는 건강에 치명적인 위협을 초래할 수 있다. 그럴 바에는 차라리 여러 병원을 방문해서 데이터를 비교분석해보는 편이 낫다.

얼마 전 산부인과 의사에게 들은 실제 사례 하나. 한 환자가 자궁근종 진단을 받았는데, 상태가 꽤 심각했다고 한다. 자궁근종은 75%가량이 무증상이다. 증상이 있는 경우에도 갑자기 나타나는 게 아니라 서서히 생리통이 생긴다거나, 서서히 출혈량이 늘어나는 식으로 몸이 적응하다 보니 많은 환자가 자기 자궁에서 근종이 자라고 있는지 모른다. 그 환자도 그런 경우였다. 수술이 시급한 상황이어서 급히 수술 날짜를 잡으려고 했지만, 그 환자는 "엄마랑 상의해볼게요."라고만 대답했다고 한다. 이해가 잘 안 됐나 싶어서 다시 환자의 몸 상태를 설명하고 수술 날짜를 잡으려고 했지만, 이번에도 역시 돌아오는 대답은 '엄마에게 물어보겠다'는 것이었다. 결국 의사가 너무 답답해서 이렇게 물었단다. "혹시 어머님이 산부인과 의사세요?" 물론 그런 경우는 아니었다. 이 환자는 단지 의사 말만 믿고는 선뜻 수술을 결정하지 못하고 일단 대답을 회피했던 것뿐이다. 의사들에게 물어보면 이렇게 의사 말을 신뢰하지 못하고 치료를 미루다가 병을 키우는 일이 생각보다 많다고 한다.

병원을 동네 슈퍼라고 생각하자

하지만 요즘은 의사 말을 신뢰하지 못하는 것도 옛말이 되어버렸다. 다행히 의료 정보가 많이 공개되어 있기 때문이다. 의료 정보를 전문으로 제공하는 플랫폼 서비스도 많고, 환자들이 직접 포털사이트에 영수증을 증거로 삼아 '후기'를 올리기도 한다. 물론 이런 후기 시스템이 부정확한 정보나 편향된 의견을 전파하는 부작용도 있지만, 병원과 환자 사이의 정보 비대칭을 해소해준다는 점에선 순기능이 더 크다. 환자 입장에서는 다른 환자들의 실제 진료 경험을 접할 수 있고, 내가 내는 진료비가 합당한지 검증할 수도 있으므로 병원에 대한 뿌리 깊은 불신을 어느 정도 해소할 수 있다.

무엇보다 의료 정보에 대한 접근성이 크게 향상되자 병원들의 태도도 달라졌다. 병원 입장에서는 조금만 삐끗하면 후기가 '박제'될 수 있으니, 환자를 대할 때 더욱 친절하고 신중해질 수밖에 없기 때문이다. 이는 전체 의료 서비스가 개선되는 효과로 이어졌다. 소비자들이 내가 내는 진료비가 합당한지 꼼꼼하게 체크하기 시작하자, 과잉진료와 같이 불필요한 의료 행위가 감소하는 긍정적인 효과도 나타났다.

이렇게 지금은 사전에 관련 정보를 충분히 검토하고 병원을 선택한다면 보다 편안한 마음으로 진료를 받을 수 있게 되었다. 한마디로 병원 방문을 꺼릴 이유가 없다. 그러니 이제 병원에 대한 인식 자체를 바꿔야 한다. 큰마음 먹고 가는 게 아니라 그냥 오다가다 마트 들르듯이 가벼운 마음으로 병원에 들르는 것이다. 그래도 된다. 이토록 의료 서비스가 우수한 대한민국에서 태어났으니 시스템의 혜택을 누려야 하지 않겠는가? 병원은 현대사회가 우리에게 준 큰 선물이다. 그런데도 의학적 근거가 부족한 대안 요법에 의존하거나, 막연한 불신이나 거부감으로 병원 방문을 미루는 것은 우리가 사는 세상이 우리에게 주는 선물을 받지 않고 포장째 버려버리는 것과 마찬가지다. 결론은 하나다. **아프면 병원 가자. 아프기 전에도 가자.**

이럴 땐 이 병원!

병원사용설명서 2

감기철이 되어 아이를 데리고 근처 소아과에 가면 익숙한 엄마들이 보인다. 그럼 엄마들끼리 모여 애들 아픈 이야기를 시작한다. 이때 온갖 TMI들이 쏟아져 나온다.

"우리 애는 선천적으로 눈이 약해서 그런지, 몸에 이상이 있으면 꼭 눈으로 먼저 와요. 애가 눈을 잘 못 뜨면 '아, 감기구나.' 싶다니까요."

"우리 애는 입에서 살짝 달짝지근한 냄새가 나면 영락없이 감기 아니면 장염이더라고요."

"우리 애는 목덜미가 살짝 뜨끈해요. 겉보기엔 멀쩡한데,

꼭 하루이틀 뒤에 탈이 나더라고요."

이렇게 아이들의 미세한 변화까지 알아차리는 엄마들이지만, 정작 자신의 건강에 대해서는 얼마나 알고 있을까? 최근에 생리통은 어땠는지, 분비물 상태는 어떤지, 마지막 생리는 언제였는지, 갑자기 살이 쪘다면 아랫배만 볼록한지, 전체적으로 포동포동한지, 아침에 일어나면 신물이 올라오지는 않는지, 자다가 자주 깨어 화장실에 가게 되지는 않았는지……. 자기 몸 상태의 변화를 유심히 관찰하는 여자들이 과연 얼마나 될지 궁금하다. 자신의 증상을 인지하지 못하거나, 알아도 '이 정도야 괜찮겠지.' 하며 넘기는 일이 비일비재하기 때문이다.

여성의 몸은 30대 중반부터 '나 좀 봐달라'고 아우성을 치기 시작한다. 출산을 경험한 여성들은 더욱 심하다. 생애주기상 가장 급격한 신체 변화가 시작되는 시기지만, 한편 가장 정신없는 시기이기도 하다. 매일 아이 챙기랴, 가정 대소사 챙기랴, 잠깐 눈 좀 붙였다가 출근하는 삶이 이어진다. 그런 워킹맘에게 '아프다'라는 말은 열이 38도를 넘고 눈조차 제대로 뜨기 어려운 상태 정도는 되어야 허락되는 단어다. 보통은 너무 바쁘다 보니 자기가 아픈지도 모른다. 나 역시 직원이 열이 있는 것 같다며 자기 체온과 비교하기 위해 내 이마를 만졌다가 깜짝 놀란 적이 있다.

"팀장님 이마가 더 뜨거운데요! 병원 가셔야 되는 거 아니에요?"

어쩐지 그날 아침따라 눈꺼풀이 너무 무겁더라. 이렇게 가정 내 여성은 늘 '돌봄의 주체'가 되지만 정작 자신은 돌봄의 대상이 되지 못한 채 병을 키우는 경우가 많다. 아픈 아이를 돌보는 것은 엄마지만, 정작 아픈 엄마를 돌볼 사람은 아무도 없는 것이다. 결국 여성의 건강은 여성 스스로 챙길 수밖에 없다.

증상별 가야 하는 병원

나는 언제나 주변의 여자들에게 '아프면 병원 가자.', '조금이라도 이상하면 병원 가자.'는 선동 아닌 선동을 하는데, 그런 이야기를 하면 이런 질문이 돌아온다. "근데 이럴 땐 어느 병원을 가야 해?" 어딘가 불편한 것 같긴 한데 정확히 어디를 찾아가야 할지 몰라 병원 방문을 망설이는 것이다. 설마 병원에서 잘못 찾아왔다고 무시하며 혼내겠는가? 그냥 아무 병원이든 일단 가서 물어보면 되는데, 병원 가기를 어려워하다 보니 생각만 하는 경우가 많다. 정 아무 병원이나 방문하는 게 어렵다면, 일단 어디가 불편한지부터 파악하자. 내가 아플 때 기준으로 삼는 나만의 매뉴얼을 공개한다.

1. 배가 아프다

일단 윗배가 아픈지 아랫배가 아픈지부터 파악해야 한다.

- **윗배가 아프다:** 가까운 내과, 특히 **소화기내과** 전문의를 찾는 것이 좋다. 늦은 밤에 야식을 즐기거나 술자리가 잦다면 위염이나 위궤양일 수도 있고, 아침에 속쓰림과 함께 신물이 올라오는 느낌이 있다면 역류성식도염일 수도 있다. 위는 스트레스 영향이 크다. 이 경우, 위내시경 검사를 통해 정확한 진단과 처방을 받을 수 있다.

- **아랫배가 붓거나 아프다: 부인과(산부인과)**를 방문해야 한다. 산부인과에 가는 걸 꺼리는 여성도 많지만 자궁은 단순히

생식기관이 아니라 우리 신체의 호르몬 조절과 밀접한 중요한 장기다. 이 장기는 한 달에 한 번씩 생리라는 소식으로 자신의 건강 상태를 알려주는데, 그 신호를 예민하게 살펴보자. 특히 생리 때 아랫배가 부풀거나 생리통이 심해지면 반드시 병원을 찾아야 한다. 그 외에도 분비물 증가, 생리량 변화, 이유 없는 복통 등 아랫배가 주는 작은 변화에도 민감하게 반응해야 한다. 얼굴에 난 뾰루지 하나는 그렇게 신경 쓰면서, 자궁의 신호는 왜 무심하게 넘기는가.

2. 정확히 어딘지는 모르겠지만 몸이 안 좋다

이럴 땐 일단 **가정의학과**의 문을 두드리는 것이 효율적이다.

"딱히 아픈 곳은 없는데, 온몸이 천근만근이야."

"이유 없이 피곤하고 살이 빠지네."

"두통이 가시질 않아."

누군가가 이런 하소연을 하면 주변에서 "나도, 나도."라고 맞장구를 친다. 사실 아침에 일어나서 몸이 찌뿌둥하지 않은 현대인이 얼마나 있겠는가. 그러다 보니 이상 증상이 나타나도 병원에 가지 않고 병을 키운다. 게다가 원래 질병이라는 게, 늘 아픈 게 아니라 증상이 나타났다 사라지기를 반복한다. 그래서 '병인가?' 싶어 병원에 가려다가도 '아닌가?' 하고 주저앉게 된다. 그걸 몇 번 반복하다 보면 호미로 막을 걸 가래로 막는 대참사가 벌어지는 것이다.

또한 많은 사람이 인터넷 검색에 의존하는데, 자신이 모호하게 한 질문에 정체불명의 지식인이 모호하게 한 답변을 참고하는 건 비효율적이다. 차라리 그 시간에 가정의학과 진료를 예약하는 편이 시간을 절약하는 방법이다. 가정의학과는 환자의 전반적인 상태를 진단하고, 필요한 경우 해당 전문 진료과로 신속하게 연결해주기 때문이다. 특히 종합병원의 경우는 체계적인 시스템을 갖추고 있어 필요한 검사나 협진이 용이하다. 검사 결과 별문제가 없다면 다행이고, 문제가 발견되더라도 조기 진단을 통해 완치 가능성을 높일 수 있다. 괜히 고개만 갸웃거리면서 병을 키우다가 어느 날 갑자기 드라마 속 비련의 주인공이 되지는 말자.

3. 그냥 다 싫고, 콱 죽고 싶다

최근에 유행했던 밈이 있다. "나 우울해서 빵 샀어." 대답에 따라 감정형「인지 사고형」인지 알아보는 질문이라지만, 나는 그 밈을 들을 때마다 안타까운 마음이 들었다. 아니, 우울하면 병원에 가야지 왜 빵을 먹는가. 우울감, 무기력감, 분노 조절의 어려움은 단순한 감정 기복이 아니라, 뇌 기능의 불균형에서 비롯된 질병일 수 있다. 그리고 빵은 먹어봤자 혈당스파이크만 오지 결코 근본적인 해결책이 될 수 없다.(내가 너무 T 같은가?)

어느 날 문득 출근길에 '이대로 트럭에 뛰어들고 싶다.'는 충동이 든다면, 이는 빵으로 해결될 문제가 아니라 즉시 **정신건강의학과**의 도움이 필요하다는 신호다. 아이들과의 관계나 직장에서 벌어진 갈등에 무력감이나 멍한 기분이 지속될 때도 마찬가지다. 혹은 주변에서 "정말 일중독이네, 쉬긴 하니?"라는 말을 자주 듣는다면, 역시 자신의 상태를 돌아볼 필요가 있다. 일을 하지 않으면 불안하고 자존감이 떨어지는 듯한 느낌은 열정이 아니라, 도파민중독과 같은 뇌의 문제일 수 있기 때문이다.

많이 바뀌었다고는 하지만 우리 사회에는 여전히 정신건강의학과 방문을 망설이는 사람이 많다. 진료 기록이 남을까 봐, 혹은 주변의 편견 어린 시선이 두렵기 때문이다. 해외 일부 기업에서는 임원급에게 정신건강 검진을 권장하거나 의무화할 정도로 그 중요성을 인지하고 있지만, 국내에서는 오히려 승진 등에 불이익이 될까 걱정해 힘든 상황을 혼자 버티다가 병을 키운다.

정신건강의학과는 우리 몸의 가장 중요한 기관인 '뇌'와 관련된 신경 및 정신 기능의 문제를 진단하고 치료하는 분과다. 적절한 약물치료 등으로 뇌 신경전달물질의 균형을 되찾으면 호전될 수 있는 질병을 마냥 부정적으로 여기는 것은 시대착오적인 생각이다. AI가 의료 데이터를 분석하고 신약을 개발하는 시대에, 정신건강의학과에 대한 막연한 거부감과 편견은 버려야 하지 않을까? 배가 아프면 내과에 가듯, 마음이 힘들고 아플 때는 정신건강의학과를 찾는 것을 당연하게 생각하자.

4. 허리가 뻐근하고, 발목이 시큰하다

이럴 땐 **정형외과**로 가야 하는 것은 다들 알고 있을 것이다. 단, 병원 선택을 조금 신중하게 하자. 무작정 유명 병원에 간다고 만족스러운 결과를 얻는 것은 아니기 때문이다. 정형외과는 이름 그대로 '외과 surgery department'다. 즉, 수술적 치료를 기본으로 하는 진료과이다 보니, 수술로 유명한 정형외과에 방문하면 오랜 대기 끝에 진통제와 보호대만 처방받아 나오는 비효율적인 경험을 할 수도 있다. 그러니 자신의 증상에 맞는 '세부 전공'을 갖춘 병원을 찾는 편이 좋다. 요즘은 병원명에 '척추', '관절', '무릎' 등을 명시하는 경우가 많아 선택에 도움이 된다.

· **통증은 있는데 정확한 원인을 모르겠다:** 마취통증의학과가 있는 병원을 찾아보자. 말 그대로 통증을 전문으로 진료하는 과다. 다양한 신경차단술, 주사요법 등을 통해 통증의 원인을 찾고 효과적인 통증 조절 방안을 제시한다.

· **자고 일어났더니 팔이 안 올라가거나 목이 안 돌아간다:** 재활의학과가 함께 있는 정형외과를 알아보자. 재활의학과는 물리치료, 도수치료, 운동치료 등 비수술적 방법을 통해 손상된 신체 기능을 회복하고 통증을 관리하는 데 특화되어 있다.

물론 사람마다 아픈 부위가 다르고 증상이 다르다. 그 때문에 가장 권장하는 방법은 직접 공부하는 것이다. 하루쯤

우리의 찬란한 완주를 위하여

짬을 내 종합병원 홈페이지에 들어가보자. 내과 하나에도 소화기, 순환기, 내분비 등 수많은 세부 분과가 있다는 사실을 발견하게 될 것이다. 다양한 진료과 정보를 미리 숙지해두는 것은, 내 몸에 이상 신호가 왔을 때 당황하지 않고 최적의 '해결사'를 찾아갈 수 있는 가장 효과적인 방법이다. 이렇게 우수한 의료 접근성을 가진 나라에서, 단지 '몰라서' 제때 치료받지 못한다면 너무나 안타까운 일 아닌가. 결국 아는 것이 힘이고, 아는 것이 건강이다.

내게 맞는 병원 찾는 법

병원사용설명서 3

흔히 좋은 사람을 만나 연애하기 위해서는 여러 사람을 만나보라는 조언을 한다. 좋은 병원을 찾는 여정도 비슷하다. 단 한 번의 진료로 인생 병원을 찾을 수 있다면 얼마나 좋겠냐마는, 현실은 그렇지 않다. 나에게 딱 맞는 병원을 찾기 위해선 여러 번 시행착오를 겪어야 한다. 그나마 다행인 건, 병원 잘못 골랐다고 해서 뉴스 사회면에 실릴 확률은 연애 실패 확률보다 현저히 낮다는 것이다. 하루가 멀다 하고 쏟아지는 교제폭력 뉴스를 생각해보라.

만약 병원과 연애 중에 내가 건강하고 행복하게 살기 위

우리의 찬란한 완주를 위하여

해 딱 하나만 선택하라면, 나는 연애보다 안전한 병원을 선택할 것이다. 적어도 의사는 내 몸에 치명적인 행동은 하지 않기 때문이다. 그러니 좋은 인연을 찾기 위해 쏟는 정성의 10분의 1만이라도, 내 건강을 책임질 괜찮은 병원을 찾는 데 써보자.

쇼비즈니스와 의료 행위는 본질적으로 다르다

의료는 본질적으로 모호함과의 싸움이다. 질병이라는 건 명쾌하게 떨어지는 수학 문제가 아니다. 하나의 원인을 명쾌하게 규정하거나 증상이 같다고 동일한 진단을 내리기 어려운 경우가 태반이다.

그래서 병원을 다니다 보면 '신드롬'이니 '증후군'이니 하는 모호한 진단명을 듣게 된다. 예를 들어, 중년 여성이 "김치만 먹어도 혓바닥이 너무 아파요."라고 호소하면 '구강작열감증후군' 진단을 내리는 식이다. 특정 경향성은 보이지만 원인과 결과의 연결고리가 명확하지 않을 때, 이런 식으로 병명을 붙여 설명한다.

이렇듯 수많은 질병이 아직 그 원인을 정확히 밝혀내지 못했다. 특히 암이나 치매처럼 우리가 가장 두려워하는 병들은, 세계의 석학들이 연구를 거듭해도 아직 완전히 원인을 규명하지 못한 경우가 많다. 병명은 있지만 해답을 찾는 과정인 것이다.

진단 역시 마찬가지다. 모든 진단은 개별 맞춤형이어야 한다. 그 때문에 의사들은 진단에 신중할 수밖에 없다. 환자마다 건강 상태, 생활 습관, 유전적 배경이 모두 다르기 때문이다. 건강검진 시 가족력을 쓰지만, 이 역시 참고 사항일 뿐 어머니와 내가 똑같은 결과를 받을 수 없는 이유다. 사람의 몸은 공장에서 찍어낸 물건이 아니기 때문이다.

피를 나눈 사이도 이런데, 생판 남인 유튜버 A씨에게 효과 있는 영양제가 나에게도 동일한 효과를 내리라 기대하기는 어렵다. 유튜브에 나오는 '의사가 매일 아침 몰래 챙겨 먹는다는 비법 식단' 같은 콘텐츠도 마찬가지다. 정작 그 의사는 자신의 환자에게 똑같은 식단을 권하지 않을 가능성이 높다.

하지만 대중은 빠르고, 쉽고, 속 시원한 해답을 원한다. TV

나 유튜브에서 "이 증상은 이럴 수도 있고 저럴 수도 있기 때문에 확실히 검사를 받는 게 먼저다."라고 하면 시청자들은 바로 채널을 돌리고, 구독자들은 재생 중지 버튼을 누를 것이다. 차라리 "이 증상 방치하면 큰일! 지금 당장 ○○○ 구매하세요!"라고 외치는 편이 사람들의 시선을 끈다. 카메라 앞의 의사들이 '의료 전문가'와 '시청률·조회수 제조기' 사이에서 아슬아슬한 줄타기를 할 수밖에 없는 이유다.

문제는 이렇게 과장되어 퍼지는 '건강 정보' 때문에 누군가는 병을 키울 수도 있다는 것이다. 사실 의학 정보는 흥미 위주로 소비하기 어려운 측면이 있다. 정확해야 하기 때문이다. 의학 콘텐츠가 재미있으면 MSG가 섞인 거고, 오히려 건강에 해로울 수 있다. 무수히 쏟아지는 건강 콘텐츠 중에서 진짜를 가리는 눈이 필요하다. 진짜 도움 되는 의학 정보 콘텐츠는 재미는 없을 수 있지만, 함부로 단정 짓거나 거짓 공포를 조장하지 않는다.

출연진도 마찬가지다. 사실 동료 의사들이 인정하는 '찐고수'와 대중에게 인기 있는 '스타 의사'는 별개의 존재다. 진짜 실력자들은 환자 보랴, 수술하랴 방송에 나올 시간이 없다.

간혹 방송에 얼굴을 비추는 경우가 있다면, 병원 개원 초 홍보 목적이거나 병원 경영상의 이유일 가능성이 높다. 하지만 대개는 금방 다시 진료 현장으로 돌아간다. 그렇기에 TV나 유튜브 속 자극적인 정보를 무작정 신뢰하기보다 냉정하게 바라보는 시선이 필요하다. 쇼비즈니스와 의료 행위는 본질적으로 다르다.

의료는 '시험'이 아니라 '경험'이다

우리 주변에 병원은 많다. 길을 걷다 보면 어디에나 있다. 하지만 이 수많은 간판 속에서 우리가 찾아야 할 곳은, 내가 아픈 분야의 '전문의'가 있는 병원이다. 미국과 한국 의료 시스템의 차이점 중 하나는, 미국은 전문의 수련을 마치지 않으면 병원을 열 수 없지만 우리나라는 의사 면허만 있으면 개원이 가능하다는 점이다. 즉, 실제 환자 진료 경험 없이 의과대학 졸업 후 시험만 통과해도 면허 취득이 가능하다. 이런 경우 대개 복잡한 질환보다는 1차 진료 위주로 환자를 보게 된다.

우리 같은 일반인들 눈에는 의사 가운을 입으면 모두 '전문가'로 보일 수 있지만, 가벼운 질환이 아닌 중증 질환의 가능성을 염두에 둔다면 '전문의 수련'을 받은 의사를 찾아가는 편이 안전하다. 이들은 수련 과정을 통해 다양한 임상 사례를 접했기 때문이다. 의료계에서는 '임상 경험'이야말로 실력을 가늠하는 가장 중요한 잣대다.

이 의사가 어느 의과대학을 나왔는지는 부차적인 문제다. 의대 입학 성적은 고등학교 시절 학업 능력의 결과일 뿐이다. 실제로 중요한 것은 이 의사가 '어디에서 전문의 수련을 받았는가'이다. 설령 출신 의과대학의 명성이 다소 낮더라도 치열한 학부 과정을 성실히 이수하고 명망 있는 수련기관에서 수련을 마쳤다면, 그 의사는 오히려 뛰어난 실력을 갖췄을 가능성이 높다.

그리고 최고의 수련 환경은, 두말할 필요도 없이 임상 경험을 풍부하게 쌓을 수 있는 큰 병원(대학병원, 대형 종합병원 등)이다. 암, 희귀·난치성 질환 등 소위 '중증 질환' 케이스는 대형 의료기관에서 많이 접하게 된다. 환자의 상태를 교과서에서 본 이론이 아니라 수백, 수천 명의 실제 케이스를 통해 판단해본 의사가 더 정확한 진단을 내리고 치료 계획을 세울 수 있는 것이 당연하다. 예를 들어, 교과서는 100만 케이스의 공통점을 모아놓은 통계자료지만, 지금 내 앞에 있는 환자는 그 통계에서 벗어난 예외적인 존재일 수 있다. 그렇다면 직접 눈으로 본 케이스가 많고 다양해야 환자 상태에 대해 더 정확한 판단이 가능할 것이다. 의료는 시험이 아니라 경험이기 때문이다.

대표원장과 원장은 뭐가 다를까?

병원을 방문하면 '대표원장'과 여러 명의 '원장'으로 구성된 곳이 있고, '대표원장'만 있는 곳도 있다. 원장이면 원장이지, '대표'원장은 또 뭐란 말인가.

간단히 말해, 대표원장은 그 병원의 소유주인 의사다. 병원 경영과 운영을 총괄하며, 병원의 모든 걸 책임진다. 한편 원장은 고용 형태로 일하며 진료하는 의사다. 병원 운영이라는 행정 업무 부담 없이 진료에만 집중하고 싶거나, 육아 등 개인적인 사정으로 병원 운영에 전념하기 어려운 경우 원장으로 근무하는 사례가 많다.

사실 이 경우는 어떤 형태의 병원이 무조건 좋다고 말하기는 어렵다. 원장과 대표원장의 실력 차이가 있다고도 말하기 힘들다. 단 하나의 차이점이라면 원장의 경우는 언젠가 다른 병원으로 이직할 가능성이 있다는 것이다. 따라서 본인의 선호도에 따라 선택이 달라진다. 만약 한 병원에서 꾸준히 관리받고 싶다면 대표원장에게 진료받는 것이 좋다. 이전 진료 기록이 계속 관리되고, 대표원장은 자신의 병원이므로 이직할 가능성이 거의 없기 때문이다.

반면 최신 시설과 체계적인 시스템, 친절한 서비스를 갖춘 병원에 다니고 싶다면 대표원장과 여러 원장으로 구성된 병원이 더 나은 선택일 수 있다. 이런 병원은 보통 업무 분담이 잘되어 있으며, 환자 응대 시스템이 더 체계적이고 응대가 친절한 경향이 있다. 만약 특정 원장 선생님이 마음에 든다면, 혹시 병원을 옮기게 될 경우 알려달라고 미리 이야기해둘 수도 있다.

나는 '대표원장 책임 시술'이라는 말을 내건 병원을 선호한다. 의료 행위에서 가장 중요한 부분은 '책임'인데, 대표원장이 책임을 지고 시술이나 수술을 한다는 말이니까 더 든든하게 느껴지기 때문이다. 의료 행위는 일종의 장인정신이 필요한 일이므로, 비즈니스 면에서 크고 화려한 병원보다 이렇게 소신껏 정진하는 원장님들을 선호하는 편이다.

하지만 어떤 형태의 병원을 선택하든, 대표원장과 원장 모두 어디서 전문의 수련을 받았는지를 확인하는 것이 중요하다. 생각보다 위중한 질병으로 진단될 경우, 해당 전문 분야의 상위 병원으로 신속하게 인계되거나 관련 정보를 얻는 데 의사의 수련 병원 네트워크가 도움이 되기 때문이다.

스스로 만드는 내 몸 사용 설명서

학창 시절, 우리는 성적표 숫자에 목숨을 걸었다. 시험 점수 하나에 일희일비하며 밤새 예습, 복습은 기본이고 학원 순례까지 마다치 않았다. 다이어리에는 빼곡하게 공부 계획을 적었다. 하지만 이렇게 공부를 열심히 한 사람들이 어른이 되어 자신의 몸에 대해서는 공부를 안 한다. 병원은 국가가 관리하는 공적 기관이고, 그곳의 의사들은 내 몸 상태에 대해 누구보다 정확한 조언을 해줄 수 있는 '선생님'이다. 하지만 우리는 어떤가? 아프면 그제야, '그냥' 병원에 간다. 예습도, 복습도 없이. 불편한 증상을 미리 기록한다든가 내 상태에 맞는 전문의를 찾아보는 수고는 생략하기 일쑤다.

좋은 병원을 찾는 것도 중요하지만, 병원을 효과적으로 가는 것도 중요하다. 마치 학창 시절에 예습, 복습을 했듯이 말이다. 예습은 평소 몸 상태를 꾸준하게 기록하고, 조금이라도 이상 신호가 감지되면 관련 정보를 찾아보는 것이다. 그렇게 특정 부위의 문제에 대한 해당 분야 전문의를 검색해 예약하고 방문하는 것이 진정한 건강 우등생의 자세다.

보통 아침에 눈을 떴을 때 몸의 불편함을 가장 잘 기억할 수 있다. 딱 10분만 투자해 어제, 혹은 간밤의 통증이나 이상 증상을 기록하는 습관을 들이자. 예를 들면 이런 식이다.

4/27(일): 왼쪽 어깨, 심장 뛰듯 욱신거림.

4/28(월): 왼쪽 목 뻣뻣, 뭉근한 느낌 지속. 오후 견갑골 찌릿(30초×3회), 이후 소실.
4/29(화): 샤워 중 팔이 등 뒤로 안 넘어감(오전 갑자기 발생).

이것이 바로 병원에 가기 전에 작성해야 할 '예습 노트'다. 이 정도만 준비해도 의사 앞에서 횡설수설하지 않고 핵심 증상을 1분 안에 전달할 수 있다. "오늘 아침에 갑자기 팔이 안 올라갔어요."가 아니라, "최근 몇 주간 어깨 통증과 목 뻣뻣함이 있었고, 오늘은 등 뒤로 팔이 넘어가지 않습니다."라고 말해야 '삼각근증후군' 같은 정확한 진단을 받을 확률이 높아진다. 몸은 어느 날 갑자기 고장 나는 게 아니라 꾸준히 신호를 보내기 때문이다.

'복습'은 더 쉽다. 의사의 지시대로 약을 잘 챙겨 먹고, 생활 습관 고치라는 조언을 따르고, 다시 오라면 오라는 날짜에 병원에 가면 된다. 의사 지시를 충실히 따랐는데도 차도가 없다면, 전략적으로 병원을 바꿔본다. 성적이 안 나오면 학원을 바꾸는 것과 마찬가지다.

우리의 찬란한 완주를 위하여

병과 병원에 대한 정보가 넘쳐난다. 이 정보의 홍수 속에서 제대로 된 치료를 받으려면, 포털 지식검색이나 맘카페 후기, 출처가 의심스러운 유튜브에 의존하는 습관부터 버려야 한다. 대신 내 몸의 목소리에 귀 기울여 꾸준히 관찰하고 기록한 뒤, 내게 맞는 병원에서 올바른 정보를 얻는 것이 중요하다. 내 몸은 남의 몸과 다르니까. 화려한 쇼비즈니스가 보여주는 정보 너머의 진실을 꿰뚫어 보는 눈도 필수다.

병원은 긴 인생에서 내가 아플 때 어쩌면 가족이나 친구보다 더 실질적인 도움을 줄 수 있는 곳이다. 평생의 파트너를 찾듯, 까다롭고 신중하게 내 건강을 믿고 맡길 병원을 선택하자.

오늘도 눈부신 너에게

20대 여성 건강관리법

딸이 어느덧 20대가 되었다. 아르바이트를 하며 사회에 첫발을 내딛고, 첫 월급으로 원하는 것을 사며 기뻐하는 나이다. 친구들과 여행을 떠나 웃고 떠들며 추억도 쌓고, 예상치 못한 실패에 인생이 뜻대로 흘러가지 않는다는 사실을 어렴풋이 알게 되는 나이이기도 하다. 20대도 나름의 고민이 많지만, 그럼에도 참 반짝이고 아름다운 시간이다.

특히 건강 면에서는 인생에서 가장 생기 넘치는 시절이다. 밤을 새워 놀거나 무리하게 술을 마셔도 다음 날이면 거뜬히 회복된다. 술 좋아하는 딸 때문에 속상하다는 친구에게

우리의 찬란한 완주를 위하여

"술이 들어가니까 마시는 거지, 어차피 곧 안 들어갈 때가 온다."고 말하며 웃기도 했다. 실제로 20대 때 주당이었던 내 주변 지인들은 이제는 다들 예전 주량의 절반도 못 마신다. 어차피 시간은 모두에게 공평하니, 20대를 좀 즐기는 게 뭐가 나쁘겠는가.

이렇게 온몸의 장기가 가장 건강하고 회복력이 좋은 때지만, 한편 멘털은 유리처럼 깨지기 쉽다. 대한민국의 우울증 환자 중 가장 많은 수를 차지하는 연령대가 20대다. 지금까지 부모의 보호 아래 치열한 경쟁 속을 달려왔지만, 막상 사회의 높은 벽을 만나게 되면서 그동안 단련되지 못했던 멘털이 와장창 무너지는 것이다. 특히 20대 여성의 우울증은 20대 남성보다 훨씬 높은 수치를 보인다. 사회의 높은 벽에 구조적인 성차별까지 맞닥뜨린 결과다.

20대 여성의 숨은 스트레스를 보여주는 한 예가 바로 '턱관절장애'다. 턱관절장애는 턱 주변이 아프고 입을 벌릴 때 소리가 나거나 불편함을 느끼는 질환으로 충치, 잇몸질환, 부정교합에 이어 치과 4대 질환에 포함된다. 그런데 이 질환이 20대 여성에게 가장 많이 나타나고 있다. 턱관절장애의 주된

원인은 중·고등학생 때부터 스트레스를 받거나 불안할 때 자기도 모르게 이를 꽉 무는 습관이 굳어진 것이다. 상대적으로 남성보다 근골격계가 약한데다 스트레스까지 많이 받다 보니 여성에게 턱관절장애가 많이 나타나는 것이다. 이런 증상이 있다면, 방치할 경우 다양한 합병증으로 이어질 수 있으니 근처의 구강내과 전문병원을 방문하자.

이렇듯 대한민국 여성의 20대는 역설적이다. 가장 빛나는 시기이면서, 동시에 가장 취약한 시기이기도 하다. 따라서 이 시기에 해야 하는 관리로는 평생 가져갈 건강의 기반을 다지는 기초 관리와 멘털 관리가 있다. 기초 관리 중에서도 겉으로 드러나지 않는 구강과 생식기를 집중적으로 살펴야 한다. 몸속 장기들은 아직 젊기에 쌩쌩하겠지만, 외부 환경과 직접 접촉하는 구강과 생식기는 20대에게도 취약하기 때문이다. 구강과 생식기는 제대로 관리하지 않으면 평생 고생하기 때문에 20대부터 관리하는 루틴을 만들어두는 것이 중요하다.

인생 치과를 찾자

젊을 때는 나이가 들면 입맛이 변한다는 말을 안 믿었다. 하지만 요즘 20대들이 먹는 음식을 보면 어른들 말씀이 하나 틀린 게 없구나 싶다. 마라탕, 탕후루, 불닭볶음면, 르뱅쿠키……. 애들 말로는 짠 것 먹었으면 단것 먹어야 하고, 단것 먹었으면 짠 것 먹어야 한단다. 하긴, 왕성한 소화력과 튼튼한 턱관절이 있으니 아무리 자극적이거나 딱딱한 음식도 마음껏 즐길 수 있는 시기이긴 하다.

하지만 이렇게 '단짠단짠'을 반복하는 식습관은 아무리 20대여도 당뇨나 고혈압 같은 성인병을 불러올 수 있으니 주의가 필요하다. 더 큰 문제는 이런 습관들이 쌓여서 치아를 병들게 한다는 것이다. 20대는 온몸의 장기가 쌩쌩한 시기지만 안타깝게도 치아에는 20대의 특권이 작용하지 않는다. 치아는 한번 손상되면 재생이 되지 않기 때문이다. 아무리 좋은 약을 발라도 새 살이 돋듯이 '새 이'가 다시 나지는 않는다.

아무리 20대여도 치아 관리가 안 되면 자연치아를 뽑고 금속 기둥을 심는 임플란트를 해야 할 수도 있다. 실제로 현재 대한민국의 1인당 임플란트 수술 건수가 세계 1위인데다, 임플란트를 받는 나이대도 점점 어려지고 있다. '임플란트 좀 하면 어때?'라고 생각할 수도 있겠지만, 그건 아직 자연치아의 소중함을 몰라서 하는 소리다. 임플란트는 그 자체로 이물질이다. 아무리 기술이 발전했다 해도 내 몸에 금속을 넣는 일은 신중해야 한다. 특히 젊은 나이에 임플란트 시술을 하게 되면 평생 관리해야 하는 부담과 불편함이 따른다. 치아는 가능한 한 오랫동안 자연치아로 유지하는 게 좋다.

그래서 20대 때 꼭 해야 하는 관리가 치아 관리다. 치과 정기검진은 가급적 6개월에 한 번, 최소 1년에 한 번은 받아야 한다. 스케일링은 보험 적용도 되니, 스케일링을 받으면서 충치나 잇몸 상태도 함께 확인하자. 이것만으로도 미래의 큰 비용과 고통을 예방하는 최고의 투자다.

지금부터 평생 다닌다고 생각하고 신중하게 '인생 치과'를 고르는 것이 좋다. 유명한 병원보다 동네와 가깝고, 작더라도 신뢰할 수 있는 병원이 좋다. 만약 특정한 증상이 있다면 세부 전문과가 있는 치과를 검색해보자. 사랑니 발치는 구강악

안면외과, 잇몸은 치주과, 교정은 치과교정과, 턱관절통증은 구강내과 전문의를 찾아가야 한다. 치과 의사 선생님과 꾸준히 만나면 내 치아 상태에 경각심을 갖게 되고, 작은 문제를 초기에 발견해 적은 비용으로 간단히 치료할 수 있다.

인생 산부인과를 찾자

대한민국은 교육열이 지나치다 못해 교육에 미쳐 있는 나라다. 하지만 이런 대한민국에서도 단 하나 소홀한 교육이 있다. 바로 성교육이다. 조선시대가 끝난 지가 언젠데, 왜 아직도 이렇게 성교육에만 과민반응을 보이는지 모르겠다. 그러다 보니 본격적으로 연애도 하고 성관계도 시작하는 20대 청춘남녀들이 제대로 된 성지식 없이 만남을 가지게 된다. 이 경우 보통 남성보다 여성에게 리스크가 더 큰 것은 자명하다. 사실 우리나라의 첫 성관계를 가지는 평균 나이가 점점 어려지고 있기 때문에, 스무 살이 되었으니 산부인과에 가라는 이야기는 시대착오적으로 들릴 수도 있다.

그렇지만 20대부터 본격적으로 산부인과를 가까이해야 하는 것은 맞다.

하지만 대한민국에 딸에게 산부인과를 가도록 가르쳐주는 엄마가 얼마나 될까? 그 엄마 본인도 산부인과라면 안 가려고 하는 경우가 태반이다. 내 후배는 질염 때문에 산부인과에 간다고 했다가 어머니에게 "결혼도 안 한 처녀가 어디 산부인과엘 가느냐"며 혼났다고 한다.

사실 산부인과만큼 억울한 진료과도 없을 것이다. 이가 아프면 치과 가서 입을 벌리고 진료받는 것은 당연하게 여기면서, 산부인과에서 다리 벌리고 앉아 있으면 큰일 나는 줄 안다. 심지어 산부인과 진료대를 '굴욕 의자'로 부르기까지 한다. 웃기는 이야기다. 제때 병원만 가면 쉽게 나을 수 있는 질환을 큰 병으로 키우는 게 진짜 '굴욕' 아닌가?

산부인과는 '산과'와 '부인과'로 분리해서 생각해볼 수 있다. 아이를 낳는 곳이 산과이고 일반적인 여성 관련 질환들을 다루는 곳이 부인과이다. 가임기, 임신 기간 그리고 완경기와 같이 여성은 생애주기별로 호르몬이 달라지고, 그에 따라 몸의 상태가 달라진다. 이러한 생애주기별 여성의 몸의 변화를 배우고, 이에 대한 처치를 배우는 학문이 산부인과다. 개인적으로는 '여성의학과'라고 이름을 바꾸는 편이 환자들의 심리적 거부감을 낮추는 데 더 낫지 않나 하는 생각도 든다.

일단 20대가 산부인과와 함께 대비하고 점검해야 하는 건 세 가지다. 피임. 출혈. 그리고 질염과 성병.

일단, 피임에 대해서는 제대로 된 교육보다 인터넷 정보나 알음알음 전해 듣는 내용이 대부분이다. 특히 피임약 이야기만 나오면 아직도 '부작용이 많다더라', '몸에 안 좋다더라', '나중에 애 못 낳는다더라'라는 괴담이 난무하고 인터넷에는 '피임약 절대 먹으면 안 되는 이유!' 같은 자극적인 섬네일이 넘친다. 사실 피임약의 가장 큰 부작용은 피임에 실패하는 거다. 그리고 그 실패에 대한 부담은 여성에게 전가되는 경우가 많다. 어떤 피임법이 나에게 맞는지, 시술이나 복용 시 주의점은 뭔지 등을 자세히 알아보기 위해서는 다니는 산부인과에 문의하는 것이 가장 좋다.

두 번째는 출혈이다. 관계 후에 피가 비치거나 피임약 복용 후 불규칙한 출혈이 있을 경우, 보통은 혼자 걱정하면서 인터넷 검색을 한다. 하지만 이럴 때일수록 바로 산부인과를 찾아야 한다. 단순 부정출혈일 수도 있지만, 자궁내막증처럼 숨어 있던 질환이 발견되는 경우도 있기 때문이다.

그리고 세 번째는 질염과 성병이다. 보통 여자들은 생식기가 좀 가렵고 따갑더라도 그냥 참고 지낸다. 초경 이후 거의 10년 넘게 생리통을 참고, 찝찝한 생리대를 참다 보니 질염으로 인한 불편함 정도는 그저 인내할 수 있게 훈련되어버린 결과다. 질염도 삶의 질이 달린 문제지만, 그보다 더 큰 문제는 성병이다. 성병은 제때 치료를 안 하면 나중에 골반염이나 불임 같은 후유증을 남길 수 있다. 질염과 성병은 초기 증상이 비슷할 때가 많다. 하지만 일반인의 눈으로는 초기 증상만으로 이 둘을 구분하기 어렵다. 그래서 병원에 가야 하는 것이다.

산부인과는 임신과 출산뿐 아니라 모든 여성의 건강과 삶의 질을 위한 필수 코스다. 감기에 걸리면 내과에 가듯, 내 생식기에 이상 신호가 오거나 궁금한 게 있으면 당당하게 산부인과의 문을 열도록 하자.

마음근육도 단련하자

20대, 반짝임과 연약함 사이의 시간. 그 틈에 존재하기 때문에 20대가 더 아름답게 느껴지는 것일지도 모른다. 하지만 이때 멘털이 무너지면 평생의 삶에 영향을 미친다. 따라서 이 시기에 몸 건강만큼 중요한 것이 바로 튼튼한 '마음근육'을 키우는 일이다. 헬스장에서 PT 선생님에게 트레이닝을 받듯이 마음근육 단련 역시 전문가의 도움이 필요하다. 정신건강의학과 상담이 부담스럽게 느껴진다면, 학교나 지역사회에서 제공하는 다양한 심리 상담 프로그램이나 정부에서 제공하는 청년마음건강지원사업을 적극적으로 활용해보자.

MBTI 같은 유형 검사에만 의존하기보다, 진짜 '나'는 어떤 사람인지, 무엇을 좋아하고 잘하며, 어떤 점이 약한지 깊이 탐색하는 시간을 갖는 것만으로도 큰 힘이 된다. 앞으로 인생에서 갈 길이 구만리이기 때문이다. 지금 스스로를 이해하고 다독여주는 방법을 배워둔다면, 앞으로 험난한 인생을 헤쳐나갈 수 있는 든든한 조력자를 얻는 셈이다. 나의 영원한 아군은 나 자신이다.

20대에 꼭 해야 할 건강관리

1. 정기적인 치과 검진 받기

신체 중 유일하게 재생되지 않는 치아는 20대부터 관리가 중요하다. 평생 다닐 수 있는 신뢰할 만한 '인생 치과'를 정해 6개월에서 1년에 한 번은 반드시 치과 정기검진과 스케일링을 받아야 한다.

2. 산부인과를 가까이하기

산부인과 방문에 대한 사회적 편견이나 심리적 거부감을 버리고, 당연하게 방문하는 습관을 들이도록 한다. 특히 피임, 부정출혈, 질염 및 성병과 같은 중요한 문제에 대해 인터넷 정보에 의존하기보다 전문가와 상담하여 정확한 정보를 얻고 제때 치료받을 수 있어야 한다.

3. 나를 알기

20대는 신체적으로 가장 건강한 시기이지만 정신적으로는 갓 사회에 나온 연약한 존재이다. 정신건강의학과 상담이나, 심리 상담, 정부의 청년마음건강지원사업 등을 활용하여 자신을 깊이 이해하는 것은 평생 마음 건강의 초석이 된다.

가야 할 곳: 치과, 산부인과, 심리상담센터 or 정신건강의학과

우리의 찬란한 완주를 위하여

가방 살 돈을 몸에 투자해야 하는 나이

30대 여성 건강관리법

30대는 바쁘다. 직장에서는 어느 정도 경력이 쌓여 많은 부담을 지기 시작하는 시기이기도 하고, 생애주기상 결혼도 하고 아이도 낳을 때이기도 하기 때문이다. 나는 30대에 아이 낳고, 아이 키우고, 집 늘리고, 융자 내고, 이직하고, 적응하고, 일하고, 승진하고, 대들고, 퇴사하고…… 지금 생각하면 어떻게 했지 싶을 정도로 숨 가쁘게 살았다. 심지어 20대에는 야근을 하고 술을 마셔도 다음 날 말짱히 출근이 가능했지만, 30대 중반에 들어서면 술 마신 다음 날 얼굴 크기부터 차이가 난다. 이게 살인지 부기인지 구분도 안 된다. 부기라면 빠져야 하는데 안 빠지는 걸 보니 살인가 하는 정도다. 평소와 같이 생활해도 방심하면 한 달에 딱 1킬로씩 는다.

그렇다고 살이라도 쉽게 빠지나? 30대 이후 다이어트는 20대와는 완전히 다르다. 20대 때는 '급찐 급빠'가 가능한 시기다. 한두 끼만 굶어도 살이 빠진다. 하지만 30대가 되면 마음 독하게 먹고 굶어도 살이 안 빠진다. 인터넷에서 유명하다는 다이어트 제품을 사도 안 먹힌다. 아니, 오히려 살이 쉽게 쭉쭉 빠진다면 병을 의심해봐야 할 지경이다.

그러다 보니 30대 중반이 되면 슬슬 옷 입는 스타일이 바뀐다. 재킷과 스커트에 하이힐을 신던 사람들이 카디건과 고무줄 바지 그리고 운동화로 탈바꿈하는 시기가 이때다. 그러면서 몸도 여기저기 아프기 시작한다. 아침에 일어나면 찌뿌둥하고, 눈은 건조하고, 목은 뻣뻣하고, 만성피로증후군인가 싶어서 홈쇼핑에서 건강기능식품도 사고, 유튜브에서 유명한 의사가 추천하는 필름형 영양제도 산다. 몸이 피곤해서 마사지도 받아보지만 이건 돈이 너무 많이 든다. 마침 저주파 마사지기가 세일이라기에 또 사버린다. 하지만 며칠 쓰다 어딘가에 처박아둔다.

우리의 찬란한 완주를 위하여

이렇게 30대가 되면 예전 같지 않은 몸에 건강 걱정을 하게 되면서도, 정작 뭘 해야 할지 모른다. 결국 이것저것 하다 보니 딱히 효과도 없이 돈만 자질구레하게 나가는 결과의 반복이다. 하지만 이것저것 할 필요 없다. 딱 두 개만 집중하자. **운동과 병원**이다.

운동에 투자하기 가장 좋은 시기

운동이 중요하다는 이야기를 하면, 하나같이 운동할 시간이 없다는 말을 한다. 하지만 40대가 되면 운동할 시간이 있을 것 같은가? 아니면 50대가 되면? 어차피 그때도 시간은 없다. 물론 여성의 생애주기상 30대가 가장 정신없는 시기이긴 하다. 하지만 역설적으로 운동하기에는 최적의 시기다. 왜냐하면 너무 바쁘다 보니 그냥 그 사이에 뭐 하나 끼워 넣는 것쯤은 티도 안 나기 때문이다.

조직에서 사람들한테 일을 시키는 기준이 무엇인지 아는가? 바쁜 사람에게 시키는 게 가장 좋다. 일을 잘하는 사람에게 일이 몰리게 마련이고, 그런 사람은 일이 많아도 일을 빠르게 잘 처리하기 때문이다. 일이 점점 많아지더라도 결국 그 사람은 더 효율적으로 일하는 법을 찾아내거나 팀을 만들어 굴리거나 해서, 결국은 돌아 돌아 일을 더 잘하게 된다. 인생에서 가장 일 잘하는 시기인 30대에, 할 일 한두 가지 더 늘리는 것은 티도 안 난다. 어차피 정신없는 거, 그 김에 운동 하나 더 하자. 이때 하는 운동은 곧 다가올 갱년기를 대비하는 운동이 된다.

운동은 근력운동과 유산소운동을 골고루 해야 한다. 점점 사라지기 시작하는 근력을 유지하는 것도 중요하고, 적정 체중을 유지하는 것도 중요하기 때문이다. 지금 살이 찐 상태라면 일단 살부터 빼야 한다. 무작정 집에서 살을 빼기보다 병원에서 의사의 도움을 받아서 적정 체중을 만든 뒤에 유지하는 방법으로 관리하기를 추천한다.

미용을 위해서 살을 빼라는 건 아니다. 질병 때문이다. '비만은 만병의 근원'이라고 할 때 만병은 보통 고혈압이나 당뇨와 같은 대사성 질환을 가리킨다. 하지만 여성의 비만은 또 다른 문제를 불러온다. 바로 요실금과 여성암이다.

요실금은 질병이라기보다 정상적인 노화의 과정 중 하나다. 특히 자연분만을 하고 나면 질의 탄력이 급속히 떨어지기에, 웃거나 뛰거나 재채기할 때 소변이 샐 가능성이 높다. 그런데 이 와중에 복부에 살까지 있어서 방광을 누르면 요실금이 올 수밖에 없다. 또 지방세포는 여성암과도 연관이 있다. 여성호르몬인 에스트로겐은 지방세포에서도 분비되기 때문이다. 에스트로겐 과다 분비는 자궁, 난소, 유방 등에 영향을 미쳐 여성암의 가능성을 높인다. 그 때문에 여성의 경우 적정 체중을 유지하는 일이 더욱 중요하다.

사실 30대 여자들에게 갱년기나 여성암은 남의 일처럼만 느껴질 것이다. 나중에 살을 빼면 되지 않겠느냐는 생각도 들 것이다. 하지만 시간이 지나면 지날수록 자력으로 살을 빼기는 더 힘들어진다. 20대와 비교하면 지금도 살 빼는 게 힘든데, 나중이라고 살이 잘 빠질 리가 있겠는가. 그나마 최소한의 노력으로 최대의 다이어트 효과를 거둘 수 있는 나이대가 바로 지금이다. 40대 중반이 되면 완경은 아직이지만 그 중간 단계인 완경이행기에 접어든다. 이쯤 되면 자궁근종이나 생리불순 등 다양한 증상이 나타나게 된다. 몸이 슬슬 완경을 준비해가는 것이다. 그렇기 때문에 완경이행기 10년 전부터 몸을 준비하고 관리해야 한다. 지금 좀 바쁘고 힘들더라도 이때 더 움직이고 활동량을 늘리는 일이 중요하다. 나중에는 더 힘들다.

치과, 산부인과에 가정의학과를 추가하자

앞서 20대에 꼭 가야 하는 병원으로 치과와 산부인과를 이야기했다. 20대부터 산부인과에 다녔다면 정말 잘했고, 안 다녔다면 30대부터는 무조건 가야 한다. 산부인과는 인생의 동반자라 생각하고 꾸준히 다니도록 하자.

그리고 30대가 되면 여기에 하나 더해야 하는 병원이 있다. 바로 가정의학과다. 가정의학과는 모든 의학의 '문'과 같은 진료과다. 대학병원에서 건강검진을 받으면 가정의학과에서 잠은 잘 자는지, 최근에 살이 많이 빠지진 않았는지, 어디 불편한 곳은 없는지를 체크하고 적절한 검사를 거쳐 필요한 과에 배정해준다. 대학병원이 아니더라도 30대가 되면 주변에 있는 가정의학과 병원 하나 정도는 알아두는 것이 좋다.

30대는 슬슬 몸 여기저기가 아프기 시작하는 나이다. 직장에서 이런 이야기를 하면 40~50대 선배들이 "'라떼'는 네 나이 때 날아다녔다!"며 웃지만, 사실 그들도 똑같은 시기를 지나왔다. 단지 지금의 고통이 더 커서 올챙이 적 생각을 못 할 뿐이다. 지칠 줄 모르던 20대를 지나 '내가 더 이상 예전 같지 않구나.'를 처음 실감하게 되는 나이가 30대다. 그렇기에 이 나이대에 이르면 한 번 정도는 몸의 전반적인 진단이 필요하다.

어딜 가야 할지 모르겠다면 일단 몇 군데 병원에 전화해서 한번 물어보자. "많이 피곤해서 그런데, 어떤 검사를 받을 수 있나요?"라고 물으면 답이 나온다. 그중에서 10~30만 원 수준의 비용으로 다양한 검사를 받고, 원인에 대한 이야기를 듣고, 치료를 받을 수 있다고 이야기해주는 병원에 가면 된다.

특히 과체중으로 건강을 위협받는다면, 혼자서 이것저것 시도하지 말고 먼저 병원에 가서 도움을 받을 것을 추천한다. 가정의학과에서 다양한 검사를 받은 뒤에 다이어트를 위한 약물이나 교정 치료를 받으면 확실히 도움이 된다. 인터넷

상에 난무하는 검증되지 않은 다이어트 방법과 보조제에 의존하면 일시적으로 살은 빠질지 몰라도 결국 요요가 오고, 더더욱 살이 빠지지 않는 체질로 변할 뿐이다.

최근에는 '기능의학'을 표방하는 가정의학과도 늘고 있다. 기능의학은 질병의 증상 자체보다는 그 근본 원인을 찾아 해결하려는 접근 방식으로, 만성질환이나 원인 불명의 불편함에 대해 개인 맞춤형 솔루션을 제공한다. 혈액, 소변, 타액, 모발 검사 등 다양한 검사를 통해 영양 불균형, 호르몬 이상, 장내 환경 문제 등을 파악하고, 이를 바탕으로 식생활 개선, 영양치료, 생활 습관 교정 등을 통합적으로 시행하기에 자기 몸의 전반적인 상태를 알고 개선할 수 있다.

아프지도 않은데 왜 병원에 가야 하냐고 묻는다면, 아프고 나서 병원에 가면 이미 늦기 때문이라고 답할 수밖에 없다. 우리 몸은 놀라운 적응력을 가지고 있어서, 웬만한 불균형이나 문제는 스스로 감내하고 버텨낸다. 우리가 흔히 '갑자기 아프다'고 느끼는 순간은, 사실 몸의 입장에서 보면 '버티고 버티다 더 이상 견딜 수 없어진' 상태인 경우가 대부분이다. 그러니 불편함이 병이 되기 전에 미리 문제점을 파악하고 개선하려는 노력이 필요하다.

가방 살 돈을 몸에 투자해야 하는 나이

30대는 딱 갱년기 10년 전이다. 갱년기는 '기간'이지 '질환'이 아니다. 병원에 가도 증상 완화는 가능하지만, 질병이 아니기에 이를 낫게 하는 방법이 있는 건 아니다. 치료가 아니라 관리의 문제라고 볼 수 있다. 산부인과 의사들은 갱년기가 시작되기 10~15년 전부터 꾸준히 운동하고 건강관리를 해온 여성들이 갱년기를 훨씬 더 활기차고 덜 고통스럽게 보낼 가능성이 높다고 말한다.

결국 30대부터 꾸준히 산부인과를 방문하여 자궁 건강과 호르몬 수치를 정기적으로 확인하고, 가정의학과 전문의나 운동 전문가와 상담하여 운동과 생활 습관을 개선하며 필요한 의학적 조치를 받는 것이 중요하다. 자궁 건강, 호르몬 수치, 체중, 운동 루틴, 식습관 모두 이때 틀을 잡아야 한다. 우리의 갱년기는 내가 30대를 어떻게 살았는가에 따라 달라진다는 걸 명심하자.

직장에 다니다 보면 성과금이나 보너스를 받을 때가 있을 것이다. 이제부터 그 돈은 '건강을 위한 돈'이라고 생각하자. 우리 모두는 나이가 들면서 어떤 형태로든 의료비를 지출하게 된다. 그렇다면 그 비용을 훗날 '수술비'나 '치료비'로 지불할 것인가, 아니면 지금 '건강 유지 및 질병 예방'을 위한 현명한 투자비로 사용할 것인가를 판단해야 한다. 병원비를 줄이는 가장 똑똑한 방법은 병원에 일찍 가는 것이다.

물론 "이 돈이면 가방 하나 더 사지."라는 말이 나올 수도 있다. 하지만 몸이 무너지면 그 가방은 구경도 못 하고 병원 침대에 누워 있어야 할지도 모른다. 가방은 없어도 살 수 있지만, 몸은 지금 당장, 그리고 앞으로 평생 써야 할 자산이다. 내 몸에 투자하는 순간, 진짜 명품은 내가 된다.

30대에 꼭 해야 할 건강관리

1. 지금 하는 운동이 앞으로를 결정한다
30대는 운동을 시작할 최적의 시기다. 근력운동과 유산소운동을 병행하며 적정 체중을 유지해야 다가올 갱년기를 수월하게 보낼 수 있다.

2. 병원 목록에 '가정의학과' 추가하기
병원 목록에 치과, 산부인과에 이어 가정의학과를 추가한다. 가정의학과에서 몸의 전반적인 상태를 점검받고 효과적인 관리 방법을 찾을 수 있다.

3. 소비의 우선순위를 '건강'에 두기
아프기 전에 병원에 가는 습관을 들인다. 지금 건강관리에 투자하는 것은 훗날 질병의 '치료비'로 지출될 더 큰 비용을 막는 가장 현명한 '투자'다.

가야 할 곳 : 치과, 산부인과 + 가정의학과

이제부터 웃음기 싹 사라질 거야

40대 여성 건강관리법

가수 윤종신의 <오르막길>은 딱 40대를 위한 노래 같다.

> 이제부터 웃음기 사라질 거야
> 가파른 이 길을 좀 봐.

40대가 쉽지 않다는 건 우리 모두 익히 들어서 알고 있다. 그래서인지 가끔 후배들에게 "40대가 되면 뭘 제일 먼저 챙겨야 해요?" 같은 질문을 받기도 한다. 40대를 알리는 새해 종이 울리면 가장 먼저 해야 할 일은 한의원에 가서 보약 한

우리의 찬란한 완주를 위하여

첩을 짓는 것이다. 물론 꼭 '보약'일 필요는 없다. 홍삼이든, 비타민이든, PT든, 종합검진이든 뭐든 일단 결제부터 하자. 중요한 것은 어떤 형태가 되었든 자신의 몸을 위한 투자를 시작하는 것이다. 신기하게도 인생의 시계가 마흔을 '땡' 하고 치는 그 순간, 몸이 먼저 알아차리고 신호를 보내기 때문이다.

나 역시 마흔이 되던 해, 2주 가까이 회사를 쉬었다. 특별한 병이 있었던 것은 아니다. 갑자기 다리에 힘이 풀리고 몸에 기운이 하나도 없었다. 지금 생각해보면 '번아웃'이었다. 물론 이전에도 열심히 일하다가 번아웃을 경험한 적이 있었다. 하지만 당시에는 몸이 어떻게든 버텨줬다. 그러나 40대에 접어들자 번아웃에 신체가 더 이상 버티지 못하는 현상이 나타난 것이다. 그렇게 나의 40대는 영문 모를 극심한 피로감 그리고 무기력증과 함께 시작됐다. 정말 '웃음기 싹 사라지는' 순간이었다.

생애주기상 40대는 신체가 생산하는 에너지보다 소모하는 에너지가 더 커지는 시기이다. 그러다 보니 체력이 훅훅 떨어지는 게 실감이 된다. 설상가상 갱년기가 시작되는 시기와도 맞물린다. 여성호르몬 분비가 급격히 감소한다. 신체 내부의 변화뿐 아니라 외적인 변화도 두드러진다. 모발이 가늘어지고 흰머리가 늘어나며, 피부 탄력이 저하되고 주름이 눈에 띄게 증가한다. 이는 에스트로겐 감소로 인한 콜라겐 생성 저하 및 피부 수분 보유 능력 감소에 따른 자연스러운 현상이다. 30대부터 하던 외모 걱정은 40대에 들어서면 그저 애교였다는 것을 알게 된다.

특히 이 시기에 대상포진이나 독감에 걸려 심하게 앓고 지나가면 신체 노화가 급속히 진행되기 때문에 면역력이 약해지지 않도록 주의해야 한다. 이런 40대의 면역력을 지키기 위해선 충분한 휴식과 수면이 필요하지만, 안타깝게도 대한민국의 40대에겐 그럴 여유가 없다.

30대에는 바빴지만 그래도 '재미'가 있었다. 아이들 커가는 모습 보는 재미, 내 집 마련하고 넓혀가는 재미, 일에서 성취감 느끼는 재미 같은 것 말이다. 하지만 40대는 재미보다는 '버거움'이 더 크게 느껴지는 시기다. 가정 내에서도 이런저런 대소사가 끊임없이 생긴다. 양가 부모님은 점점 연로해지셔서 이제 내 돌봄이 필요하고, 품 안의 자식인 줄 알았던 아이들은 사춘기에 접어들어 더 이상 말이 통하지 않는다.

회사에서는 관리직으로 승진하면서 어깨에 부담감이 더해진다. 커리어 성장을 위해선 더 많은 에너지를 쏟아야 하지만 체력적 한계를 느끼고, 현재에 안주하자니 지나온 노력이 아쉽게 느껴지는 진퇴양난의 상황에 놓이기도 한다. 친구들은 하나둘씩 몸이 아프다는 소식을 전해온다. 누구는 자궁근종, 누구는 유방암에 걸렸다는 소식이다. 흔히 40대를 불혹不惑이라 한다. 세상에 미혹되지 않는 나이라는 뜻이다. 하지만 실제로는 여러 어려움이 겹치는 가혹苛酷한 시기다. 갑자기 가팔라진 오르막길 앞에서 입술을 꽉 깨물어야 하는 것이다.

운동으로 밑 빠진 독을 메우자

40대가 되었다고 해서 기본적인 건강관리 원칙이 바뀌는 것은 아니다. 치과, 산부인과, 가정의학과는 여자들이 평생 친구 삼아 드나들어야 하는 곳이다. 운동 역시 마찬가지다. 이미 체력이 점점 떨어지고, 아무리 몸에 좋은 것을 먹어도 밑 빠진 독에 물 붓기처럼 느껴질 수 있다. 이 밑 빠진 독을 메우는 방법은 운동밖에 없다.

  30대에 운동 습관을 형성하지 못했더라도 늦었다고 생각할 필요는 없다. 하루라도 일찍 시작하면 더 좋긴 하지만 운동을 시작하기에 늦은 때란 없기 때문이다. 늦었다고 생각하는 지금이 운동을 시작하기에 가장 젊은 나이다. 50대가 되면 관절에 무리가 가기 시작해 할 수 있는 운동의 종류마저 줄어든다.

  운동을 하라고 하면 다들 "운동할 시간이 어디 있어요?", "제가 운동을 너무 싫어해서……"라고 답한다. 이런 말을 들으면 답답하다. 어차피 우리 인생에서 운동할 시간 같은 건 원래 없다. 그리고 운동을 좋아하는 사람이 아니라면 누가 굳이 돈도 안 되는 운동을 하겠는가. 우리가 운동을 해야 하는 이유는 시간이 있어서도 아니고 운동을 좋아해서도 아니다. 그저 밑 빠진 독 새듯이 슬슬 새는 체력을 기르고 노년을 대비해 척추기립근을 만들어두기 위해서다. 나이 들어서 걷지도 못하고 휠체어를 타고 다녀야 하는 시기를 가능한 한 늦춰야 하지 않겠는가.

  한편 운동을 하겠다며 대뜸 피트니스센터의 회원권부터

끊거나 장비부터 사는 사람도 많다. 그러나 핵심은 지속 가능한 운동법을 찾는 것이다. 값비싼 운동기구나 회원권은 때로 '이제 준비는 끝났다!'는 심리적 만족감만 준 뒤 실제로 활용되지 못하는 경우가 많다. 그래서 피트니스센터들이 연초에 큰 폭으로 할인 행사를 하고 '절대 환불 불가'라는 조건을 내거는 것이다.

문제는 체력이 있는 30대에는 어떻게든 운동하러 갈 수 있었지만 40대가 되면 아예 운동하러 갈 '기운' 자체가 없어진다는 것이다. 다시 말하지만 가장 좋은 방법은 지속 가능한 운동법을 찾는 것이다. 생활 속에서 틈틈이 요가, 스트레칭, 가벼운 산책 등을 하면서 몸을 단련해야 한다. 엘리베이터 대신 계단을 이용하거나 대중교통을 이용할 때 한두 정거장 전에 내려서 걷는 건 뻔한 이야기 같지만 시간 없고 체력 없는 40대에게는 매우 요긴한 방법이다. 그리고 짬 나는 대로 10분씩이라도 플랭크나 스쿼트 같은 근력운동을 병행하는 편이 좋다. 책상이나 싱크대를 붙잡고 복근에 힘주면서 앉았다 일어났다를 반복하거나, 소파에 앉아 복부 근육을 사용해 무릎을 가슴으로 당겼다가 내리기를 반복하는 것도 좋다.

틈나는 대로 수건을 가지고 스트레칭을 하고 반신욕, 족욕이라도 반드시 하자.

다 울었니? 그럼 이제 병원에 가보자

신체 근력만큼이나 중요한 것이 바로 '마음 근력'이다. 20~30대에 치과, 산부인과, 가정의학과 정기검진이 필수 코스라면 40대에는 정신건강의학과가 추가되어야 한다.

흔히 나이가 들면 감정적으로 여유로워지고 너그러워진다고 한다. 젊은 시절에는 쉽게 화를 냈을 법한 일에도 초연해진다고 말이다. 과연 그럴까? 물론 너그러워지는 사람도 있겠지만 대부분은 화낼 기운조차 없어 넘어가는 경우가 많다. 정확히는 화를 안 내는 게 아니고 못 내는 것이다. 화를 낼 에너지가 부족하거나 감각이 무뎌져 재빨리 반응하지 못할 뿐이다. 몸만큼 마음도 지쳐 있기 때문이다. 예를 들어, 양치하다가 혀를 닦으면 구역질이 나지만, 나이가 들면 구역질이 안 날 때가 있다. '이제 나이 들어서 양치질도 잘하네.'라고 생각할 수 있지만, 사실은 혀 안쪽을 닦을 때 발생하는 구역반사 gag reflex의 민감도가 떨어졌기 때문이다.

일상생활에서 감정 반응도 이와 유사하다. 체력이 떨어지고 감각이 무뎌지면서, 예전 같으면 버럭 화를 냈을 상황에도 '어? 화가 안 나네?' 하고 넘어가게 되는 것이다. 이건 사실 감정이 사라진 것이 아니라, 제때 표출되지 못하고 내면에 쌓이는 것이다. 문제는 20대와 달리 40대가 되면 피부 재생이 느려지는 것과 마찬가지로, 마음의 상처 회복 속도도 더뎌진다는 것이다. 분노나 서운함 같은 감정들이 제때 표출되지 못하고 차곡차곡 쌓여서 속에서 곪아 터지는데, 그것을 전문용어로 '화병'이라고 한다. 모든 일에 둔감해지다 보니 마음의 상처를 제대로 인지하지 못하고 병을 키우는 것이다.

그러다 어느 순간, 정말 사소한 일에 갑자기 눈물을 펑펑 쏟거나 버럭 화를 내는, 평소와 다른 모습을 보이며 주변 사람들을 당황시킨다. "쟤 요즘 왜 저래?", "갑자기 왜 저렇게 예민해졌어?"의 정체는 화병이다. 둔해져서 반응이 늦게 나타날 뿐, 억울하고 속상했던 감정은 몸과 마음에 고스란히 남아 있다가 기억이 아닌 '감정'의 형태로 불쑥 터져 나온다. 그리고 그걸 깨달았을 땐 이미 회복이 힘들거나 오래 걸리는 상태일 수 있다.

　내가 정신건강의학과를 처음 찾은 때는 30대 후반이었다. 한 직장 동료가 스스로 목숨을 끊었는데, 그 마지막 통화 목록에 내 번호가 남아 있었다. '그때 내가 전화를 받았다면 그 친구가 살 수 있지 않았을까?' 하는 생각이 머릿속을 떠나지 않았다. 두 번째로 병원을 찾은 것은 40대 후반, 회사에서 성희롱 피해를 당했을 때였다. 그때도 망설임 없이 전문가의 도움을 받으러 갔다. 삶의 모든 것이 무너져 내리는 가운데 나 자신을 지키고 싶었기 때문이다.

　사실 40대가 되기까지 인생이 순탄하게만 흘러간 사람은 거의 없다. 누구나 여기까지 오기 전 한 번은 크게 걸려 넘어졌을 것이다. 그러니 이쯤에서 한 번쯤 내 마음 상태를 찬찬히 들여다볼 필요가 있다. 예전과 달리 이유 없이 불안하거나, 울적함이 오래가거나, 혹은 지나치게 텐션이 높거나, 자꾸 멍해지거나 등등 뭔가 내가 좀 이상하다 싶으면 주저 말고 정신건강의학과 문을 두드리자. 20대에는 예민해서 생기는 마음의 문제들이 40대가 되면 둔해져서 생긴다.

우리의 찬란한 완주를 위하여

만약 40대의 어느 날, 울음이 멈추지 않는다면 스스로가 울음을 그칠 때까지 기다려주도록 하자. 그리고 자기 자신에게 상냥하게 권해보는 것이다.

"다 울었니? 그럼 이제 병원에 가보자."

갱년기는 이미 시작되었다

40대부터 갱년기라고 이야기하면 "갱년기? 그거 50대는 돼야 오는 거 아니에요?"라고 묻는 사람이 많다. 정확히 말하면, 난소 기능이 완전히 정지되고 여성호르몬 분비가 멈추는 걸 '완경'이라고 하고, '갱년기'는 이 완경을 전후한 약 10년 정도의 기간을 의미한다. 그러니까 40대 중반은 이미 갱년기 초입에 해당한다. 갱년기가 심화되면 안면홍조, 식은땀, 두통 같은 신체적 증상부터 시작해 우울감, 불안감, 롤러코스터 같은 감정 기복까지 심리적인 어려움도 함께 겪게 된다.

이때부터는 여성암 대비가 정말 중요하다. 여성암은 중년에 집중적으로 발생한다. 자궁근종 발병률이 가장 높은 연령대가 40대이고, 가장 치명적인 여성암인 난소암 환자의 20%가량이 40대이다. 따라서 40대부터 정기적으로 산부인과에서 난소암, 자궁내막암 검사를 받는 것이 좋다.

그런데 아이러니하게도, 40대가 되면 오히려 산부인과에 발길을 뚝 끊는 사람이 많다. 20대에는 첫 성관계나 피임 문제로, 30대에는 임신과 출산을 준비하면서 열심히 드나들다가, 아기를 낳고 나면 '이제 볼일 없다'는 듯이 멀리하는 것이다. 그러다가 나중에 자궁근종이 심각하게 커져서야 부랴부랴 병원을 찾는 경우가 정말 많다. 자궁근종은 초기엔 증상이 없는 경우가 많아서, 커질 때까지 모르고 지내기 때문이다. 게다가 마침 나잇살도 찌고 있으니 근종이 커져서 아랫배가 볼록 나와도 '아, 살쪘나 보다.' 하고 그냥 넘겨버린다. 그러고는 병원에 와서야 "애 낳고 산부인과 처음 와봐요." 같은 안타까운 소리를 한다.

그뿐만 아니라 40대부터는 갑상샘 기능도 저하된다. 갑상샘호르몬은 콜레스테롤 조절, 당대사 촉진, 뼈 강화 등 신체 대사를 조절하는 역할을 하는 호르몬이다. 에스트로겐 분비 감소에 지방 증가, 콜레스테롤 농도 상승까지 총체적 난국이

연쇄효과로 이어진다. 그래서 40대에 유방암 환자와 갑상샘암 환자가 늘어난다. 40대가 되면 무조건 유방·갑상샘외과에 가야 하는 이유다.

특히 동양 여성은 서양 여성에 비해 가슴 크기는 작아도 유선 조직이 촘촘하게 발달한 '치밀 유방'인 경우가 많다. 국가건강검진도 좋지만, 단순 건강검진으로는 병변을 놓칠 수 있으니 유방·갑상샘외과에서 정밀검사를 받는 것이 바람직하다.

40대를 위한 건강검진법

주변에서 "서서히 아프다가 병원에 갔더니 암이더라."라는 말을 들어본 적 있는가? 대부분은 "아무 이상이 없었는데 병원에서 갑자기 암이라더라."라는 이야기를 할 것이다. 그래서 병은 대부분 갑자기 온다고 생각한다. 물론 진짜 갑자기 병세가 심각해지는 경우도 있다. 사람의 몸은 마음대로 되는 게 아니니까. 하지만 대부분의 병은 '갑자기' 찾아오는 게 아니라 내 몸 상태에 맞는 검진을 규칙적으로, 그리고 '제대로' 받았다면 충분히 예방하거나 조기에 발견할 수 있는 경우가 훨씬 많다.

40대가 되면 건강검진도 좀 더 전략적으로 접근해야 한다. 2년마다 나라에서 제공하는 국가건강검진도 의무니까 그냥 받는다고 생각하지 말고, 이왕 받는 거 나에게 조금이라도 더 유리한 방향으로 선택해서 받는 지혜가 필요하다.

나는 소화기 계통이 약하고 탈이 잘 나는 편이라, 일반적인 대형 검진센터보다는 소화기내과 전문의가 직접 운영하고 진료하는 병원으로 검진 예약을 잡는다. 검진 장비 수준도 중요하지만, 내 건강 상태에 대해 종합적인 의견을 제시해줄 수 있는 '전문성'이 더 중요하다고 생각하기 때문이다. 이렇게 평소에 약한 신체 부위가 있다면, 예를 들어 심장이 약하면 심장내과 전문의, 호흡기가 약하면 호흡기내과 전문의 식으로 그 분야 전문의가 대표원장인 검진센터를 고르는 편이 좋다.

그리고 가급적이면 내 건강 데이터를 오랫동안 안정적으로 관리해줄 수 있는 병원을 선택하는 게 좋다. 그런 면에서 대학병원 검진센터도 좋은 선택지가 될 수 있다. 최신 장비를 다양하게 갖추고 있고, 검진 중 문제가 발견되면 바로 해당 진료과로 연계가 가능하다는 장점이 있기 때문이다. 또 방대한 데이터베이스를 기반으로 희귀 질환을 포함한 다양한 질병을 진단해낼 가능성이 높다. 평소 복합적인 건강 문제를 가지고 있다면 대학병원 검진센터를 이용하는 것도 좋은 방법이다.

국가건강검진 외에, 따로 1년에 두 번 정도 '종양표지자 검사'를 받는 것도 추천한다. 종양표지자 검사는 혈액검사를 통해 특정 암과 관련된 수치를 확인하는 검사다. 이 검사도 여러 병원에서 가능하지만, 나는 어차피 1년에 두 번은 산부인과 정기검진을 받기 때문에 산부인과에서 표지자 검사도 같이 하는 편이다. 그리고 1년에 한 번은 유방·갑상샘외과를 간다.

불혹, 가혹하지만 포기할 수 없는 오르막길

40대가 되면 정말이지 여기저기서 '아프다'는 곡소리가 들려오기 시작한다. 44세 12월에 무언가를 잘못해서 45세 1월 1일에 갑자기 병이 생기는 게 아니다. 우리 몸의 생애주기에 따른 자연스러운 변화이자 결과일 뿐이다. 생각해보면 인간의 신체적 성장은 20대 이전에 거의 끝나고, 찬란한 젊음을 누리는 시간은 생각보다 짧다. 그에 비해 노년은 훨씬 길다. 40대는 바로 그 짧은 청춘과 긴 노년의 딱 중간 지점, 중요한 분기점이다. 이 시기를 어떻게 보내느냐에 따라 향후 노년의 건강과 삶의 질이 결정된다. 따라서 가파른 오르막길을 오르듯 힘들 수 있지만, 꾸준히 자신을 돌보는 노력이 필요하다. 한 걸음, 또 한 걸음. 숨이 좀 차더라도 묵묵히 오르다 보면, 분명 이 길 끝에서 웃을 수 있지 않을까?

우리의 찬란한 완주를 위하여

40대에 꼭 해야 할 건강관리

1. 지속 가능한 운동으로 체력 고갈 막기

체력이 급격히 떨어지는 시기이다. 헬스장 등록에 집착하기보다 계단 이용, 걷기, 틈틈이 하는 홈트(플랭크, 스쿼트) 등 일상 속 자신만의 운동법을 찾아야 한다.

2. 병원 목록에 '정신건강의학과' 추가하기

신체 에너지뿐 아니라 마음의 에너지도 고갈되는 시기다. 이유 없는 우울감, 불안, 감정 기복 등이 느껴진다면 바로 병원을 방문하고, 그런 게 없더라도 한 번쯤은 가보기를 권한다. 한 번도 상처 받지 않고 40대가 되는 사람은 없기 때문이다.

3. 병원 목록에 '유방·갑상샘외과' 추가하기

40대는 갱년기 초입이다. 자궁근종, 유방암, 난소암, 갑상샘암 등 각종 여성암의 발병률이 급증하는 시기인 만큼 출산 후에도 산부인과 정기검진을 절대 멈추지 말고, 유방·갑상샘외과에서 정밀검사를 받도록 하자.

4. 자신에게 맞는 '전략적 건강검진' 설계하기

2년마다 시행하는 국가건강검진에 더해 자신의 건강 상태에 맞는 검진 계획이 필요하다. 평소 약한 신체 부위를 전문으로 하는 병원에서 검진을 받거나, 정기적인 혈액검사 시 암 관련 수치를 확인하는 '종양표지자 검사'를 추가하여 질병을 조기에 발견하도록 노력해야 한다.

가야 할 곳 : 치과, 산부인과, 가정의학과 + 정신건강의학과, 유방·갑상샘외과

청담동 부자는 늙어 죽지 아파 죽지 않는다

50대 여성 건강관리법

한겨울의 어느 날, 임원회의 도중이었다. 한 여성 임원이 얼굴이 점점 붉어지더니 조심스럽게 이렇게 말했다.

"죄송한데, 선풍기 좀 틀어도 될까요?"

회의실 한쪽, 본인 자리 옆에 있던 선풍기가 돌아가기 시작했다. 우리는 아무 말도 하지 못한 채 눈치만 봤다. 잠시 후 선풍기가 꺼졌다. 그러더니 또 잠시 후 다시 켜졌다. 그분 얼굴에 송골송골 땀이 맺혀 있었다. 심각한 안면홍조 증상과 발한이었다. 안타깝게도 그분은 일상생활에 불편함을 줄 정도의 혈관운동 증상을 동반한 갱년기를 겪고 계셨던 것이다.

남의 일이 아닌 듯해서 마음이 무거웠다.

갱년기는 보통 40대 중후반부터 서서히 시작되어 완경 전후로 가장 뚜렷한 변화를 맞게 된다. 아직 경험해보지 않았다면 '몸이 예전 같지 않다'는 느낌 정도로 생각할 수 있겠지만, 실제로는 우리 몸 곳곳이 말라비틀어지는 것 같다고 생각하면 된다. 여성호르몬 감소로 인해 질과 구강과 피부가 건조해지고, 골밀도가 낮아져 작은 충격에도 뼈가 부러지는 골다공증 위험도 높아진다. 그냥 걷거나 버스에 오르다가 넘어져 다쳤다는 이야기가 주변에서 들려오는 이유다.

그뿐만이 아니다. 피부에 잡티가 늘어나고, 조금만 걸어도 발목과 무릎이 시큰거리고, 음식이나 침이 기도로 잘못 넘어가는 사레들림도 잦아질 수 있다. 밤잠을 설치거나, 할 일을 자꾸 잊어버리거나, 때로는 감정 조절이 어려워 울컥하는 것 역시 우리 몸이 갱년기라는 변화의 시기를 지나고 있다는 신호다.

가장 난감한 점은 이 증상들이 타인의 눈에 띄게 드러난다는 것이다. 갑작스러운 열감과 얼굴이 붉어지는 안면홍조, 식은땀, 두근거림 같은 혈관운동 증상은 여성호르몬 감소로 인한 체온조절 변화에서 비롯된다. 이는 우리 몸의 체온조절 중추가 민감해져서 생기는 자연스러운 현상이지만, 당사자로서는 잘못한 일도 없는데 마음이 움츠러들기 쉽다.

왜 여성만 이렇게 갱년기를 호되게 겪을까. 이쯤 되면 억울해진다. 사실 남성에게도 갱년기가 있다. 하지만 남성호르몬은 생애 전체에 걸쳐 천천히 감소하는 반면, 여성호르몬은 완경 후 1~3년 사이에 급격히 줄어든다. 말 그대로 '낙하'다. 그 급격한 변화에 몸이 적응해야 하니, 여성의 갱년기 증상이 더 두드러질 수밖에 없다. 따라서 50대 여성의 건강관리는 이 급격한 낙하에서 어떻게 하면 안전하게 연착륙할 수 있는지가 관건이다. 물론 이 연착륙의 목적지는 '건강한 노년'이다.

요실금은 누구에게나 온다

요실금은 자신의 의지와 상관없이 소변이 새어 나오는 증상이다. 다들 말을 못 해서 그렇지, 45~55세 여성의 30~40%가

경험할 정도로 흔한 편이다. 갱년기 여성들이 모여서 크게 웃다 보면 누군가는 꼭 "야, 웃기지 마. 오줌 샌단 말야."라고 외친다. 그러고는 웃음을 멈추기는커녕 공통된 증상이 주는 동질감 때문에 더 크게 웃어버리곤 한다.

또래의 여성끼리 모여 있을 때는 이게 웃긴 소재이지만, 사실 여성 개인에게 자기도 모르게 소변을 '찔끔'한다는 것은 부끄럽고 당황스러운 경험일 수 있다. 웃거나 재채기할 때, 운동할 때 배에 가해지는 압력이 높아지면서 소변이 새는 '복압성 요실금'이 가장 흔한데, 이는 출산이나 노화로 골반근육이 약해진 것이 주원인이다. 특히 겨울철에 증상이 심해지는데, 날씨가 추워지면 방광 자극이 커지고 땀과 호흡으로 빠져나가는 수분량이 줄어 소변의 양이 증가하기 때문이다.

요실금의 가장 큰 문제는 부끄러움과 생활의 불편함 때문에 여자들이 외출을 꺼리고 사회활동을 점점 하지 않게 되는 것에 있다. 그래서 요실금을 '사회적 암'이라고 부르기도 한다. 요실금을 겪고 있다는 사실을 외부에 알리지 못하고, 또 제대로 된 정보도 없는 상황에서 그저 혼자 가슴앓이만 하는 경우가 흔하다. 요실금 전용 제품이 있는데도 불구하고, 여성 생리대 판매량의 25%가 요실금용으로 판매되고 있다는 조사 결과는 이 문제의 심각성을 보여준다.

하지만 요실금은 충분히 관리하고 치료할 수 있는 질환이다. 특히 꾸준한 케겔운동(골반저근 강화 운동)이나 코어근육을 단련하는 필라테스 등이 도움이 된다. 증상이 심하다면 산부인과나 비뇨의학과를 찾아 질 내 레이저치료나 약물치료, 또는 당일 시술로 가능한 요실금 수술 등을 통해 효과적으로 개선할 수 있다. 만약 모든 노력에도 불구하고 소변이 계속 샌다면 정신적인 요인이거나 체중 문제일 수 있다. 장기들의 탄력을 회복해도 과도한 체중이 압력을 가하면 구조적으로 소변이 나올 수밖에 없는 경우가 많기 때문이다. 이 경우에는 전문가의 도움을 받아 체중 조절을 하는 것이 좋다.

요실금은 누구에게나 찾아온다. 나이가 들면 자연스럽게 얼굴에 주름이 지는 것과 마찬가지다. '이러다 말겠지.' 생각하며 생리대로 임시변통하거나, 창피해하며 바깥활동을 줄이기보다 처음 증상이 나타났을 때 전문가와 상담해 해결하는 편이 현명하다.

치과는 이제 생존의 문제다

노화와 함께 장기의 기능이 약해지는 것은 당연하다. 그러나 평균수명이 50세였던 먼 옛날에는 큰 문제가 아니었던 것이 100세 시대에는 큰 문제가 된다. 식도나 혀와 같은 근육조직의 탄성이 떨어져 음식을 먹을 때 삼킴장애가 발생할 수도 있고, 이는 소화와 흡수에도 영향을 미친다. 그 때문에 50대 이상이 되면 음식을 잘 씹어 먹는 것이 무엇보다 중요하다. 20대에 예방 차원에서 강조되던 치아관리가 50대에는 '생존'의 문제가 된다.

아무리 20대부터 잘 관리를 해왔더라도 50대 이상이 되면 평생 써온 치아가 깨지거나 마모된다. 치아 손상의 정도에 따라 임플란트를 하거나 틀니를 착용하기도 하는데, 두 경우 다 문제가 만만치 않다. 생활 속 이물감과 불편함은 물론이고, 칸디다균 증식으로 인해 타는 듯한 통증인 구강작열감을 호소하는 경우도 있다. 그리고 갱년기 이후 여성호르몬 감소는 침 분비량을 줄여 구강건조증을 유발하기 쉽다. 입안이 마르면 세균 번식이 쉬워져 입냄새가 심해지고, 충치나 잇몸

질환의 위험도 커진다. 심지어 수면 중 코골이나 수면무호흡증으로 이어지기도 한다.

그뿐만 아니라 나이가 들면 잇몸도 약해진다. 잇몸은 치아를 단단히 고정해 외부 균의 침입을 막는 역할을 한다. 하지만 흐물흐물해진 잇몸은 치아를 제대로 잡아주지 못해 치주염이 생기기 쉽다. 심지어 잇몸질환은 단순히 입안 문제로 끝나지 않는다. 잇몸 염증이 혈관을 타고 전신으로 퍼져 면역력 저하나 다른 질병에 영향을 미칠 수 있다는 연구 결과도 꾸준히 보고되고 있다. 특히 잇몸질환과 치매 발병 위험 간의 연관성에 대한 연구도 주목받고 있다. 입은 뇌와 가깝기 때문이다.

나이가 들며 충치는 줄어들 수 있어도 치주질환과 구강 노화는 예방이 어렵다. 따라서 50세 이후에는 최소 1년에 한 번 이상 정기적인 구강 검진과 스케일링을 통해 전체적인 상태를 점검하고 관리하는 일이 필수다. 건강한 치아와 잇몸은 잘 씹는 기능을 유지해 소화 흡수를 돕고, 이는 곧 전신 건강의 기초가 된다. 이제 치과는 생존의 문제다.

우리의 찬란한 완주를 위하여

인생 정형외과를 찾자

나는 30대 초반부터 허리가 아팠다. 아마 일을 하며 장시간 하이힐을 신고 있던 것이 영향을 미쳤던 것 같다. 당시 진료를 본 정형외과 의사는 다행히 뼈나 디스크 등 큰 구조적 이상은 없다며, 대신 코어근육 강화를 위해 필라테스를 꾸준히 해볼 것을 권했다. 지금이야 필라테스가 매우 대중적인 운동이지만, 그때만 해도 국내에서는 다소 생소한 운동이었다. 회사 근처 스튜디오에서 점심시간을 쪼개 일주일에 두 번씩 개인 지도를 받기 시작했다. 그러자 놀랍게도 통증이 개선되었고, 지금까지 필라테스를 꾸준히 하고 있다. 이제는 주변 지인들에게도 자신 있게 권하는 운동이다. 요즘은 전문 스튜디오도 많이 생겨나 누구나 좋은 환경에서 배울 수 있게 된 점도 반가운 변화다.

청담동의 한 대형 정형외과는 병원 시스템 다음으로 재활운동전문센터에 투자한 것으로 유명하다. 오가며 살펴보면 통유리 너머로 운동하는 사람들이 다들 머리가 희끗희끗하다. 나이가 지긋한 분들이 자가용을 이용하지 않고 지하철역

계단을 올라 센터에 와서 정형외과 처방과 연계된 운동을 하는 것이다. 그걸 보며 노년의 꼿꼿한 허리와 연골이야말로 진정한 부의 상징이구나 싶었다. 누구보다 건강관리에 민감한 청담동 부자들이 체계적인 운동을 하는 것을 보면, 이제 운동은 선택이 아니라 건강한 노후의 필수 요소라고 보는 게 좋겠다.

물론 우리 대부분은 그렇게 부유하지 않다 보니, 값비싼 재활운동전문센터를 다닐 형편이 안 될 것이다. 하지만 꼭 비싼 운동센터에 다니지 않아도 된다. 근력운동을 제대로 배우고 꾸준히 하면 된다. 보건소나 동네 문화센터에 가도 저항밴드 운동이나 벽 팔굽혀펴기, 스쿼트 같은 체중운동, 균형을 잡을 수 있는 균형운동 등을 알려준다. 초반에는 강사를 찾아 운동법을 배우고 나중에는 혼자 하는 것도 방법이다. 어차피 근력운동은 평생 해야 하기 때문에 자신에게 맞는 운동법을 찾아야 한다.

최근 느끼게 된 것은 50대 이후 삶의 질은 결국 '움직임'과 '근력'에 달려 있다는 것이다. 50대가 되면 근육량과 골밀도가 자연스럽게 감소한다. 특히 여성은 완경 후 여성호르몬 감소로 골밀도가 급격히 낮아져 골다공증 위험이 커진다. 골다공증은 '소리 없는 뼈 도둑'으로 불리는데, 가벼운 충격이나 사소한 낙상에도 뼈가 마치 과자처럼 바스러지곤 해 각별히 주의해야 한다. 특히 낙상으로 인한 골반 골절은 노년의 생활을 위협하고 회복도 어려워서 사망으로 이어지는 확률도 높다. 따라서 50대 이상 여성들은 암과 치매만큼 골절을 조심해야 한다.

그뿐만 아니라 50대가 되면서 전신의 관절과 근육에도 변화가 생긴다. 혈액순환이 원활하지 않다 보니 사용하지 않는 근육에서 석회화 현상이 일어난다. 활동량 감소나 잘못된 자세 등으로 어깨나 무릎 등의 관절 통증이나 근육통도 잦아진다.

이제 정형외과를 친구로 삼아야 할 때가 왔다. 이 시기에 다니는 정형외과는 죽을 때까지 다닐 수 있는 곳으로 신중하게 선택하기를 권한다. 정형외과는 세부 전문 분야로 나뉘어 있다. 특정 부위에 통증이 있다면 해당 부위 전문 의사가 있고 시술과 수술이 모두 가능한 병원을 찾아 상담을 받는 것이 좋다. 문제는 눈에 보이지 않는 골다공증이다. 골다공증이 있으면 경미한 외상에도 골절 위험이 커지기 때문에, 미리 병원에서 골밀도를 높이는 치료를 받는다. 정형외과 질환도 조기 발견과 치료가 중요하다.

최근에는 무조건 수술을 하기보다는 체외충격파, 주사치료, 물리치료 등과 같은 비수술적 치료나 재활치료를 우선하는 곳이 많으므로, 여러 병원에서 상담받고 자신에게 맞는 치료 계획을 세워보자.

100세 시대, 앞으로의 50년을 설계하자

"청담동 부자들은 늙어 죽지 아파 죽지 않는다."라는 말이 있다. 이들은 체계적으로 자신의 노년 건강을 관리한다. 건강하게 오래 살며 가진 부를 누리기 위해 최선을 다하는 것이다. 내가 부자가 아니더라도 이러한 삶의 태도는 본받을 만하다.

얼마 전, 요양 산업 관계자에게서 한 가지 충격적인 사실을 들었다. 요양원에 가느냐, 요양병원에 가느냐의 차이는 '자신의 힘으로 걸을 수 있느냐 없느냐'에 달려 있다는 것이다. 스스로 걷지 못하는 사람은 요양원이 아닌 요양병원에 가게 된다. 요양병원에서도 자신의 치아로 음식을 씹을 수 있느냐 없느냐가 중요한 차이를 낳는다고 한다. 스스로 씹지 못하면 결국 호스를 통해 영양분을 공급받다가 생을 마감하게 된다.

이 이야기를 듣는데, 머리를 세게 얻어맞는 것 같았다. 우리는 살면서 어쩔 수 없이 늙어가고, 언젠가는 요양원에, 그리고 언젠가는 요양병원에 가게 될지도 모른다. 하지만 누구나 가능한 한 오랫동안 자신의 존엄성을 지키며 살아가고 싶어 한다. 그 존엄성의 핵심이 바로 '스스로 이동할 수 있는 능력'과 '스스로 음식을 씹을 수 있는 능력'인 것이다.

지금은 100세 시대다. 그렇다면 우리에게 장수는 저주가 될까, 아니면 축복이 될까? 이 질문의 답은 지금부터 우리가 어떻게 건강을 설계하느냐에 달려 있다. 장수가 축복이 되기 위해서는 자신의 몸을 더 깊이 이해하고, 꾸준히 돌보며, 새로운 활력을 찾아야 한다.

요실금, 구강 문제, 근골격계 질환 등은 나이가 들면서 누구에게나 찾아올 수 있는 변화다. 이러한 변화를 단순히 '나이 탓'으로 돌리며 방치하기보다는, 적극적인 검진과 전문가의 도움을 받고, 꾸준한 운동과 생활 습관 개선을 통해 현명하게 관리해나가야 한다. 50대가 되었다고 인생이 이미 끝난 것처럼 한숨만 쉬고 있어서는 안 된다. 정신을 바짝 차려야 한다. 무서운 이야기겠지만, 지금의 이 몸으로 앞으로 50년을 더 살아가야 하기 때문이다.

50대 여성이 해야 할 건강관리

1. 산부인과에서 갱년기 치료 받기
요실금, 안면홍조 등 갱년기 증상은 누구에게나 찾아온다. 부끄럽게 생각하기보다 필요시 산부인과를 방문해 전문적인 치료를 받도록 하자.

2. 믿을 만한 치과 찾기
50대가 되며 평생 써온 치아가 깨지거나 마모될 뿐 아니라 잇몸이나 구강 노화의 문제가 생기기도 한다. 한 번쯤은 큰돈이 나가게 되니 정기적인 검진은 물론 신뢰할 만한 치과를 알아두는 것이 필요하다.

3. 병원 목록에 '정형외과' 추가하기
완경 후 급속히 골밀도가 떨어지기 때문에 골다공증 검사 및 예방치료를 시작해야 한다. 그리고 동시에 전문가에게 평생 할 수 있는 근력운동 프로그램을 처방받아 꾸준히 하기를 권한다.

가야 할 곳 : 치과, 산부인과, 가정의학과, 정신건강의학과, 유방·갑상샘외과 + 정형외과

나 자신을 연예인이라고

생각하고 관리하자

사람들은 남의 노력은 늘 쉽게 생각한다. 연예인을 보며 "저 정도는 연예인이니까 당연하지.", "나도 돈 써서 관리받으면 그렇게 할 수 있어."라며 무시하는 태도를 보이는 사람도 많다. 하지만 과연 그럴까? 실제로 우리가 당연하게 여기는 연예인의 빛나는 모습 뒤에는 철저하고 혹독한 자기관리가 숨어 있다.

최근에 유튜브에서 배우 김혜수 씨의 인터뷰를 본 적이 있다. 배우는 필연적으로 식단관리를 할 수밖에 없다고 한다. 섬세한 근육 움직임이나 조명 각도를 살리려면 몸이 슬림한

편이 좋기 때문이다. 그러니 역할에 맞춰 식단을 조절하는 것에 대해 "우리 일에 포함"된다고 심플하게 정리했다. 직업적 책임감으로 자기관리를 한다는 것이다. 거기까지만 들었을 때는 '역시 프로 배우는 다르구나.' 정도의 감상이었다.

그런데 그다음 답변이 내 흥미를 끌었다. "내가 배우가 아니었으면 지금의 건강과 컨디션을 갖지 못했을 거다. 어떻게 보면 되게 고마운 일이다. 관리 과정은 혹독하지만 결과적으론 다행이다."라고 말한 대목이다. 사실 배우라는 직업은 그 특성상 자의 반, 타의 반으로 꾸준히 몸매를 유지해야 한다. 그런데 평생을 해온 관리가 버겁고 힘들 만도 한데, 불평하기보다 그 결과로 '건강을 선물받았다'고 생각하다니. 그걸 보면서 김혜수 씨는 배우로서도 프로지만 인생을 살아가는 데 있어서도 프로라는 생각이 들었다.

아마 김혜수 씨도 젊었을 때는 끊임없는 자기관리가 힘들고 짜증 나기도 했을 것이다. 실제로 그녀는 스스로 대식가라고 했다. 먹고 싶은 것이 많은데도 참는 것이, 쉬고 싶은데도 운동하는 것이 사실 쉬운 일이겠는가. 하지만 50대가 되어보니 그 힘들었던 시간에 감사하게 된 것이다. 그 덕분에 보통의 또래들이 슬슬 만성질환에 시달릴 때 그들보다 훨씬 나은 컨디션으로 살아갈 수 있으니까.

실제로 직업상 평생 관리를 해야 하는 연예인들을 보면 50~60대를 훌쩍 넘은 나이에도 실제 나이보다 젊어 보이거나 쌩쌩한 체력을 자랑한다. 외모뿐 아니라 마음가짐도 젊다. 이쯤 되면 우리도 한 번쯤 생각해봐야 한다. 우리가 남들 앞에 서는 배우는 아니지만, 각자의 인생의 주인공인 만큼 그만한 관리가 필요하지 않을까? 결국 끊임없는 노력으로 얻는 것은 내 건강이므로.

덜 먹는 것이 진짜 '보양'이다

연예인들의 자기관리를 얘기할 때 빠지지 않는 주제가 '식사량 조절'이다. 가수 박진영 씨는 일주일에 절반 이상을 20시간 금식한다고 한다. "먹으면 바로 살이 찐다."며, 선보이고 싶은 무대를 위해 억지로라도 금식을 실천한다고 말이다. 아무리 박진영이라고 좋아서 하는 일은 아닐 것이다. "아침에 운동할 때 '아 죽겠다.'는 말을 제일 많이 한다."면서도, "정말 하기 싫은 걸 몇 십 년 동안 계속해야 한다. 그게 정답이다."라고 덧붙인다. 무대 위에서 자신이 원하는 노래와 춤을 완벽하게 선보이는 '자유'를 위해 기꺼이 그 과정을 감내하는 것이다.

배우 차승원 씨 역시 자기관리의 대명사다. 그는 영화 촬영 중 살 빠진 모습이 화면에 좋게 보인다는 감독의 말을 듣고 1년 반 넘게 같은 몸무게를 유지하고 있다고 한다. 보통 하루 한 끼, 오전 11시 반에서 12시 사이에 풍족하게 아침 겸 점심을 먹고, 저녁에는 배가 고프면 빵 한 조각 정도로 마무리하는 생활을 이어가고 있다. 그는 189센티미터에 72.2킬로그램을 유지 중이다. 이 정도의 자기관리는 외모를 넘어서 인생을 대하는 그 사람의 태도라는 생각이 들었다.

사실 현대인에게 필요한 것은 '덜 먹는 것'이다. 우리는 결핍의 시대가 아닌 과잉의 시대를 살고 있다. 현대인은 뭘 안 먹어서가 아니라 너무 많이 먹어서 병이 생긴다. 나는 복날이라고 사람들이 삼계탕이나 장어요리 등 보양식 맛집 앞에 줄 서 있는 모습을 보면 심란하다. 그중 상당수가 이 더운 날 고

열량 음식을 먹으면 안 되는, 당뇨나 고혈압 등 만성질환 위험군에 속하는 사람들로 보이기 때문이다.

  그렇다고 갑자기 식사량을 무리하게 줄여서는 요요현상만 불러온다. 평소 식습관에서 건강에 위협이 되는 요인을 파악해 섭취 빈도나 양을 점진적으로 줄여나가야 한다. 일주일에 술 세 번 마실 걸 한 번으로 줄이고, 햄버거 두 번 먹을 걸 한 번만 먹고, 국에 소금 세 순갈 넣던 걸 두 순갈로 줄이는 식으로 습관을 들이는 게 중요하다. 좋은 걸 더 먹는 것보다, 해로운 걸 덜 먹는 게 더 중요하다. 그 작은 습관들이 결국 인생의 큰 차이를 만든다.

관용은 체력에서 비롯된다

가끔 어른들을 보며 "저 나이 먹고도 왜 저래?"라며 수군거리는 젊은이들을 보며 서글퍼질 때가 있다. 나도 저들의 나이 때 주변 어른들을 보며 그런 생각을 했다. 나이가 들면 당연히 더 지혜롭고 현명해질 줄 알았는데, 막상 나이가 들어

보니 그게 아니었다. 몸이 늙는 것도 문제지만 마음이 늙는 것도 문제였다.

사실 인간은 기본적으로 에너지를 아껴야 생존에 유리한 존재다. 뇌도 최소한의 에너지로 돌아가길 원한다. 그래서 나이가 들면 들수록 열린 생각은 사라지고, 새로운 걸 배우기 싫어하고, 고정관념에서 벗어나지 않으려 한다. 말하자면 '꼰대'는 진화의 산물인 셈이다.

심지어 중년을 넘어가면 이상하게 짜증이 늘어난다. 성격이 나빠져서가 아니라 피곤해서 그렇다. 에너지가 고갈되면 타인을 이해하고 참아줄 여력이 줄어들기 때문이다. 결국 나이가 든 사람들에게 관용이 부족해지는 것은 다 체력 때문인 셈이다.

결국 나이가 들어서도 젊은 감각을 유지하고 타인에게 관용을 베풀 줄 아는 멋진 어른이 되려면, 건강한 에너지가 필수다. 하지만 안타깝게도 성장기가 끝난 우리 몸의 에너지는 타고난 체력만으로는 유지되지 않는다. 체력은 오직 꾸준한 '운동'을 통해서만 쌓을 수 있다.

연예인 중에는 나이가 들어서도 멋진 감각과 사고방식을

유지하는 사람이 많다. 1935년생인 배우 이순재 씨는 90세에 가까운 나이까지 꾸준히 활동하며 연예계의 어른으로 존경받는다. 건강관리 비결은 젊어서부터 술을 마시지 않았고 연기를 위해 담배도 끊은 것이다. 그리고 평소에 골프나 걷기운동으로 체력을 관리한다고 한다.

75세의 나이에 아카데미상을 수상한 배우 윤여정 씨도 마찬가지다. 한 방송에서 그녀가 수상을 위해 할리우드에 간 모습을 봤다. 그녀는 아침마다 비타민 C를 챙겨 먹고, 건강 스무디를 마시고, 스쿼트와 플랭크, 팔굽혀펴기로 코어 강화 운동을 했다. 그녀의 가방에는 아령과 모래주머니가 있었다. 65세 때부터 운동을 시작했는데, 현장에서 버틸 힘을 기르기 위해서였다고 한다.

이순재 씨나 윤여정 씨는 우리에게 어떻게 나이 들어가면 좋을지를 잘 보여준다. 쿨하고 꼰대 같지 않게, 그리고 자기 자신에게 충실하게 사는 것이다. 결국 관용은 체력에서 나온다. 움직임은 단순한 칼로리 소모가 아니라, 삶의 활력과 너그러움을 채우는 마법의 샘물과도 같다. 내 몸이 여유가 있어야 생각에도 여유가 생기고 다른 사람을 돌보거나 배려할 수 있다. 나이가 들어서 쿨하게 사는 비결은 결국 운동이다.

까칠해야 오래간다

'까칠하다'는 말은 보통 부정적으로 쓰이지만, 자기관리의 영역에서는 다르다. 여기서 '까칠함'이란 타인에게 날을 세우는 것이 아니라, 자기 자신에게 엄격한 기준을 적용하는 것이다.

국민 MC 유재석 씨가 이런 자기관리의 까칠함을 보여준다. 그는 새벽 6시에 일어나 스트레칭과 유산소운동, 근력운동으로 하루를 시작하는 루틴을 수년째 지키고 있다고 한다. 체질 때문에 술을 마시지 않고, 목 건강을 위해서 커피도 즐기지 않고, 외출 전 선크림을 20분 동안 꼼꼼히 바르는 정성은 이미 유명하다. 촬영 중 많이 먹은 날에는 저녁을 거르거나 집에서 만든 음식만 섭취하며, 저녁 7시 이후에는 음식을 입에 대지 않는 철칙을 지킨다. 라면과 야식을 좋아하고 새벽 2~3시에 잠들던 과거의 생활 습관을 완전히 바꾼 것이다. 버라이어티쇼에서 시청자에게 즐거움을 주기 위해서는 체력이 필요한데, 카메라 앞에서 헉헉거리면 시청자에게 예의가 아니라는 것이다. 롱런의 비결이 바로 이 까칠함에서 나오나 보다.

유재석 씨와는 결이 다르지만 나도 본의 아니게 까칠하게 사는 편이다. 얼마 전 30대부터 알던 친구들 모임에 갔다. 40대 중반부터 친구들이 관절염, 임플란트, 자궁적출 등에 대한 이야기를 나누기 시작했고, 50대가 되니 여기저기서 암 투병 소식이 들려오기 시작했다. 한창때는 맛집도 많이 찾아다녔는데 지금은 다들 소화력도 예전 같지 않다 보니 나물비빔밥을 먹고 술 대신 차를 마셨다. 그때 한 친구가 나를 보며 신기하다는 듯 물었다. "우리가 아픈 건 알겠는데, 밥도 잘 안 먹고, 잠도 잘 못 자고, 성격도 까칠한 네가 안 아픈 건 신기하지 않니?" 친구들에 비하면 난 아직 특정한 병명이 없기에 나온 말이다.

사실 30대의 나는 늘 비실비실했고, 친구들에 비하면 체구도 작고 소화력도 약했다. 친구들은 밤새워 술을 마시고 다음 날 멀쩡히 출근했지만, 나는 안주와 술이 들어가면 취기를 느끼기도 전에 소화불량부터 시달렸다. 음식이 조금만 과하면 체하기 일쑤였고, 억지로 역류를 참으면 한 달 넘게 위통으로 고생해야 했다. 먹고 싶은 안주도 마음껏 못 먹는 나와 기꺼이 어울려준 친구들에게 지금도 고마울 뿐이다. 이런 체질은 아들이 물려받아 매우 고생 중이다.(아들아 미안하다!)

그런데 50대가 된 지금, 역설적으로 내가 가장 건강한 축에 속하게 된 것이다. 술을 많이 못 마시다 보니 술을 점점 줄여야 했고, 늘 위염을 달고 살다 보니 어쩔 수 없이 소화에 좋은 음식들을 먹게 되었고, 근골격계가 약하다 보니 30대부터 필라테스와 요가, 러닝 등으로 살기 위한 노력을 할 수밖에 없었는데, 그게 지금의 날 살린 것 같다. 그러니 위에서 말한 친구의 질문에 대한 답을 곰곰이 생각해보면, 잘 체하니 많이 못 먹고 자주 소화기내과에 드나들어야 했던, 일찍 자기에는 할 일도 많고 열받는 일은 더 많아서 정신건강의학과를 자주 드나들어야 했던, 어쩔 수 없이 스스로에게 '까칠했던' 그 습관들이 역설적으로 나를 지켜준 셈이다. '골골백세'라는 말이 하나 틀린 게 없나 싶다.

진정한 '저속노화'를 위하여

요즘은 어디를 가든 '저속노화'가 화두에 오른다. 과거의 안티에이징이 50~60대가 더 늙지 않기 위해 하는 노력이었다면, 저속노화는 20~30대부터 '건강하게 나이 들기'를 목표로 하는 새로운 패러다임이다. 살아 있는 동안 건강에 구애하지 않고 내가 하고 싶은 일을 마음껏 하며 지내는 데 초점을 맞추는 것이다.

이를 위해서는 내 몸의 작은 신호에도 귀를 기울여야 한다. 평소에 스트레스 수치를 낮추고, 염증관리에 신경 쓰며, 근육량을 유지해 걷는 데 문제가 없도록 하고, 소화력이 떨어진다 싶으면 전문가의 도움을 받는 식이다. 그리고 병원의 개념을 아플 때만 가는 곳이 아니라, '아프지 않기 위해' 미리 찾아가는 곳으로 바꿔야 한다.

마흔이 넘으면 흔히들 겪는 일이 있다. 언젠가부터 온몸이 쑤시고, 자고 일어나도 몸이 찌뿌둥하고, 몸이 부어서 잘 끼던 반지도 안 맞고, 아무리 식사량을 줄여도 살은 계속 찌고, 한술 더 떠서 갑자기 팔도 안 올라가고 목도 잘 안 돌아가는 등 전신에 걸쳐 이상 신호가 나타난다. 그럼 이맘때쯤 주변의 권유로 큰맘 먹고 대형 병원에 60~100만 원짜리 종합건강검진을 예약하고, 휴가를 내서 검사를 받는다. 그러고는 "이상 소견 없음"이라는 결과지를 받아보고 가슴을 쓸어내린다. 그러나 문제는 그다음이다. 다음 날 눈을 떠도 여전히 컨디션은 엉망이고, 눈앞은 뿌옇게 보이고, 잠은 계속 오고, 살은 이유 없이 찐다. 그런데도 이상 소견이 없는 것이 종합건강검진 체계다. 그렇다고 건강검진에서 "이상 소견 있음, 재검진 요망"이라는 말을 바라는 건 아니지만.

내가 하고 싶은 말은, 건강검진은 '이미 아픈 사람'을 골라내는 일이라는 거다. 병이 나면 고쳐야 하니까. 그러니 병은 아닌데 컨디션이 엉망인, '곧 아플 사람들'은 건강검진 결과만 믿고 안심하지 말고 예방적 치료와 관리에 힘써야 한다. 물론 예방적 치료는 보험의 보장을 받지 못한다. 비급여 진료를 받으면 왠지 손해 보는 것 같고, '호갱'이 되는 것 같은 기분이 들 수도 있다. 하지만 이것 하나만 기억하자. 건강보험이 적용되는 치료를 받는다는 것은 '진짜 아픈 것'이다. 그땐 돌이킬 수 없다.

롱런 하는 연예인들은 타고난 것이 아니라, 끊임없는 관리와 노력으로 그 빛을 유지하는 것이다. 그들이라고 가는 세월을 멈출 수 있겠는가. 노력을 남들보다 많이 할 뿐이다. 세월이 흘러도 변치 않는 그들의 활력과 생기가 부럽다면 우리도 '나 자신'이라는 스타를 애지중지 관리하자. 이를 위해서는 적게 먹고, 많이 움직이고, 까칠하게 사는 방법밖에 없다. 그게 가장 확실한 저속노화법이다.

결국 선택은 우리의 몫이다. 훗날 내 것이 아닌 인공관절에 의지해 살아갈 것인지, 아니면 지금부터 내 몸을 아껴 건강한 두 다리로 피트니스센터를 누빌 것인지. 그 선택에 따라 하루하루를 쌓아가면 된다. 누구에게도 요행은 없다. 공평하게도 말이다.

02

육아,
그 고독하고 지난한
터널을 통과하기

나는 희생하지 않기로 했다

얼마 전 한 후배가 내게 물었다.

"근데 대표님, 결혼은 어떻게 하시게 된 거예요?"

아마 내가 결혼했다는 사실 자체가 후배에게는 믿기지 않는 일처럼 보였던 모양이다. 하긴 지금의 2030세대 여성들에게 결혼은 필수가 아닌 선택이다. 물론 아직도 비혼 여성들을 향한 시선이 곱지만은 않다. '이기적'이라고 손가락질하는 사람들도 있다. 하지만 선택할 수 있는 상황이라면 선택을 하는 것이 당연하다. 결혼이 필수가 아닌 상황인데도 결혼을 선택했다면 용기가 대단한 것이고, 선택하지 않았다면 그 또

한 지혜로운 것이다. 성인의 선택이기에 그 인생을 대신 살아 줄 게 아니라면 감히 누구도 뭐라 할 수 없는 문제라고 생각한다.

하지만 우리 세대, 소위 '초기 워킹맘'들에게 결혼은 지금과는 사뭇 다른 의미였다. 그 시절엔 대부분 결혼을 하고, 아이를 낳고, 직장생활을 병행하는 것이 당연한 분위기였다. 일만 해도 벅찬데, 가정과 육아라는 거대한 짐을 짊어지면서 불만조차 말할 수 없었다. "불만이 있으면 일을 그만두면 될 거 아니냐."는 소리나 안 들으면 다행이었다. 2000년대 이전까지 결혼을 하면 퇴사하고 전업주부로 사는 것이 당연하던 시절이었기 때문이다. 그러다 보니 당시 워킹맘들은 일터에서도 가정에서도 '모난 돌' 취급을 받았다. 자식을 제대로 돌보지 못하는 엄마, 혹은 팀원에게 피해를 주는 직원, 둘 중의 하나거나 둘 다였으니까. 지금도 힘들지만, 그때는 수많은 여자가 맨땅에 헤딩하는 심정으로 하루하루를 버텨냈다. 그래서 비혼이든 기혼이든 선택할 수 있게 된 것 자체가 우리 사회의 큰 진전이 아닐 수 없다.

'퐁퐁녀'로 길러지는 세상의 딸들

물론 아직도 우리 사회는 여성에게 더 가혹한 잣대를 들이댄다. 최근에 '퐁퐁남'이라는 신조어가 큰 논란을 불러일으키는 걸 보고, 난 그저 웃었다. 백번 양보해서 아내의 과거를 소위 '설거지'해주고 희생과 헌신을 하며 결혼생활을 하는 '퐁퐁남'이 있다고 치자. 그런데 우리 사회에 '퐁퐁남'이 더 많겠는가, 아니면 남편의 허물을 감춰주고 희생하고 헌신하며 살아온 '퐁퐁녀'가 더 많겠는가?

우리 사회에서 흔히 회자되는 "남자는 결혼하면 사람 된다.", "가정을 가지면 철든다." 같은 말을 생각해보자. 지난한 세월 동안 여자들이 철딱서니 없는 남자를 감내하고 희생하는 것을 당연하게 여겨왔는데, '퐁퐁녀'라는 단어는 아예 만들어지지도 않았다. 역사적으로도 많은 유명한 남성 화가나 지식인이 이룬 성취 뒤에는 여성 파트너의 조력이 있었다. 하지만 자신의 천재성을 박제당하고 남편의 작품 세계에 영감을 주었던 그녀들을 누가 '퐁퐁녀'라고 불렀는가? 지금까지 너무 당연했기에 따로 이름을 지을 필요도 없었던 것이 바로 여성의 희생이었다.

  남자들은 "지금은 남자가 더 살기 힘든 시대가 됐다."며 역차별을 들먹인다. 그저 웃을 뿐이다. '퐁퐁남'이라는 이름을 특별하게 부여받을 수 있는 것 자체가 아직도 변하지 않은 남성의 위세를 보여준다. '여자를 위해 조금도 희생하지 않겠다!'는 이들의 아주 대단한 결기이기도 하다. 이에 비해 여자들은 너무나 아낌없이 헌신하곤 한다. 마치 DNA에 새겨진 것처럼. 물론 그렇게 길러지기 때문이다.

  아주 어릴 적부터 나는 여자들의 이 일방적인 희생을 보고 자랐다. 우리 집이 종갓집이기 때문이다. 종갓집 며느리의 삶이 어떤지는 '안 봐도 넷플릭스'일 테니 굳이 설명은 안 하겠다. 내가 그 속에서 보고 자라며 종갓집에 대해 내린 정의는, 여성들의 희생으로 쌓아 올린 바벨탑이라는 것이다. 하늘에 닿을 정도로 공을 들여 쌓은 저 탑은 가문의 성을 이어받는 남성들을 위한 상징이었고, 어머니는 그 바벨탑에서 희생과 헌신의 아이콘이자 걸어다니는 순교자였다. 모든 것을 감내하고 헌신하는 엄마의 모습은 어린 내게 당연함보다는 거부감으로 다가왔다. 나는 아버지를 존경하고 사랑했지만, 그는 가부장제라는 거대한 제도 앞에서 어머니를 지켜내지 못하는 나약한 남성이기도 했다.

그러다가 사춘기 때의 어느 날, 학급문고에 비치된 모파상의 소설 『비곗덩어리』를 읽었다. 주인공은 전쟁이라는 극한 상황에서 마차에 탄 다른 사람들을 위해 적군의 장교에게 몸을 바쳤음에도 불구하고, 그 위기가 지나자 다시 차가운 외면과 경멸의 대상이 되었다.

'아, 이거구나.' 그때 세상이 돌아가는 이치를 깨달았다. 이것이 내 어머니가 그렇게 희생하면서도 감사나 보답의 대상이 되지 못하는 이유였다. 사람들은 마른 가지를 꺾는다. 마른 가지는 꺾기 쉽기 때문이다. '가지가 말랐으니 물을 줘야지.'라고 생각하는 사람은 거의 없다. 마찬가지로 세상은 누군가의 희생을 소비할 뿐, 보답으로 돌려주지 않는다. 오히려 희생을 당연시하고 때로는 더욱 착취할 뿐이다. 이것이 내가 보고 자란 세계였다.

그때 결심했다. 나는 희생하지 않기로.

그렇게 결심하고 세상을 보자 모든 것이 부조리했다. 펄 벅의 소설 『대지』 속 중국 여성들의 삶, 『죄와 벌』에서 끊임

없이 희생하는 소녀의 모습. 영화 <러브레터>를 보면서도 나는 눈밭을 뛰어다니며 옛사랑을 그리워하는 여주인공에게서 애틋한 마음보다 '현대판 열녀문'의 그림자를 느꼈다. 수많은 문학작품과 영화에서 희생하는 여성들은 지고지순하고 성스럽게 그려졌다. 대체 왜 여성의 희생만이 미화되고 강요되는가?

심지어 영화 <해피엔드>에서는 무능한 남편을 먹여 살리던 아내가 외도했다는 이유로 살해당한다. 물론 아이를 방치하고 외도를 한 행동은 정당화될 수 없다. 하지만 만약 성별이 바뀌었다고 생각해보자. 바깥에서 일하는 남편이 똑같이 아이를 방치하고 외도를 했다고 해서, 아내가 그를 죽일 수 있었을까? 아마 그런 내용은 영화화되기는 힘들 것이다. 일단 바깥에서 일하는 남편은 아이를 돌보지 않을 것이고, 또 우리 사회에서 여성의 바람은 죽어 마땅한 죄지만, 남성의 바람은 '한두 번 참아주면 다 돌아오는' 해프닝이니 말이다.

우리의 찬란한 완주를 위하여

어머니의 마지막 소원과 나의 선택

물론 인생이 늘 신념대로만 흘러가는 것은 아니었다. 몸이 그렇게 아픈데도 불구하고 자신의 몸을 돌보기보다 종갓집을 돌보는 데 더 애를 썼던 엄마는, 결국 당뇨 합병증으로 50대에 돌아가셨다. 엄마가 돌아가신 나이는 지금의 내 나이와 비슷하다. 지금의 나와 당시의 엄마를 동일 선상에 놓고 생각하면 새삼 아득하다. 고생만 하다가 세상을 떠나기에는 너무 이른 나이였다.

스물여섯에 내가 결혼을 결심한 것도 순전히 엄마의 영향이었다. 당시는 엄마가 돌아가시기 몇 년 전이었는데, 엄마가 당뇨 합병증으로 인한 괴사로 다리 절단 수술을 받으시게 됐다. 병원에 가니 이 수술을 받다가 환자가 사망할 수도 있다는 수술동의서를 작성하라고 했다. 엄마를 잃을 수도 있다는 생각에 머리가 멍해졌다.

하지만 막상 병실에 들어가 보니 엄마는 당신의 절단 수술보다 내 결혼을 더 걱정하고 계셨다. 병실에 모인 친척 어르신들도 "네가 엄마를 생각해서라도 어서 짝을 찾아야 한다."

며 함께 코러스를 넣었다. 신우염 때문에 신장이 기능을 하지 못하고 곧 다리도 절단하는 엄마가 눈앞에서 "네가 결혼을 해야지 내가 눈을 감겠다."며 울고 있는데, 제정신을 지킬 딸이 얼마나 될까. 나는 허겁지겁 결혼정보회사의 문을 두드렸다. 엄마는 큰손주를 보고 얼마 지나지 않아 돌아가셨으니, 결과적으로 그 선택이 효도였다고는 생각한다.

하지만 이른 나이에 시작한 결혼생활은 그야말로 투쟁의 연속이었다. 숟가락 날아다니는 부부싸움은 예능 프로그램의 한 장면 같았다. 내가 꿈꿨던 결혼은 보부아르와 사르트르 부부처럼 각방 쓰면서 밤새워 토론하는 지적인 동반자 관계였는데, 현실은 시트콤과 아침연속극의 아슬아슬한 경계에 있었다.

이미 구조적으로 이기기 힘든 게임이라는 건 알고 있었다. 가정이라는 울타리가 여성에게 얼마나 많은 보상 없는 희생을 강요하는지, 엄마의 사례로 나는 이미 충분히 학습했기 때문이다. 여기에 아이라는 존재까지 등장하면 가정 내에서 여성은 완패할 수밖에 없다. 아이를 낳고 기르는 과정에서 겪는 신체적·정서적 어려움, 아이에게 문제가 생겼을 때 엄마에게 집중되는 죄책감. 이 모든 것은 여성에게 가중되는 짐이기 때문이다.

희생의 대물림을 끊어내며

지긋지긋한 희생의 굴레에서 벗어나 나 자신으로 오롯이 설 수 있었던 곳은 아이러니하게도 '직장'이었다. 가정이라는 울타리가 때로는 숨 막히는 감옥처럼 느껴질 때, 직장은 내게 해방구이자 성취감을 안겨주는 유일한 공간이었다.

물론 회사라는 조직도 남성 중심적이긴 하지만, 그곳은 적어도 내가 노력한 만큼 인정받을 수 있는 공간이었다. '누구의 아내'나 '누구의 엄마'가 아닌 직장인 '이현승'으로 불릴 수 있는 공간이기도 했다. 누구를 위해 희생할 필요도 없었고, 일을 하며 발생하는 모든 고난은 오직 나 자신의 성취를 위한 것이었다. 그렇게 생각하자 아무리 힘든 일이 생겨도 나는 기꺼운 마음으로 극복할 수 있게 되었다.

결국 '나는 희생하지 않는다'는 선언에 가장 어울리는 장소는 직장이었다. 나는 일을 하며 착한 엄마, 인내심 많은 아내, 덕스러운 며느리라는 이름으로 나를 쪼개지 않기로 했다. 누군가는 이런 내게 '이기적'이라고 비난한다. 나는 '아, 네. 비난하시라.'라고 생각한다. 그깟 비난은 내게 어떤 타격도 주지 못한다. 나를 지키는 일이 먼저이기 때문이다. 내 시간이 소중하고, 내 욕망이 귀하다. 그리고 어머니 세대가 겪었던 부당한 희생의 고리는 내 대에서 끊어내야 했다. 내 딸과 딸의 친구들에게도 같은 부당함을 겪게 할 수는 없었다.

그렇다고 물론 남성에게 희생을 강요하는 것도 아니다. 인간은 희생하지 않고도 얼마든지 사랑할 수 있고, 나누며 살 수 있다. 남성이든 여성이든 어느 누구도 서로를 위해 희생하지 않고, 한 인간으로서 오롯이 자신의 삶을 살아가는 세상, 내가 바라는 세상은 그런 세상이다. 그런 세상을 꿈꾸며 오늘도 나는 아무리 더럽고 치사해도 꾸역꾸역 출근을 한다. 그리고 오늘도 **나는 희생하지 않는다.**

육아와

공존할 수 없는 것들

"백일 되면 좀 나아져."

신생아를 안고 지쳐 나가떨어진 내게 육아 선배가 말했다. 그 말은 곧 "돌 되면 좀 나아져."로 바뀌었고, 그다음엔 "걷기 시작하면 좀 나아져.", "어린이집 가면 좀 나아져.", "초등학교 들어가면 좀 나아져.", "중학교 가면 다 키운 거야." 등등으로 바뀌었다.

지금은 안다. 그 육아 선배들이 나를 그저 달래고 있었다는 것을. 마치 산을 오를 때 맞은편에서 내려오는 사람에게 "정상까지 얼마나 남았어요?"라고 물어보면, 실제로 얼마가 남았든 언제나 "다 왔어요. 금방이에요."라는 답이 돌아오는 것과 마찬가지다.

겪어보기 전에는 육아가 이렇게 극한 직업인지 몰랐다. 만약 이전 세대가 이걸 알았으면 출산율은 지금보다 더 드라마틱하게 떨어졌을지도 모른다. 나는 요즘 젊은 세대가 이기적이라서 아이를 안 낳는 거라고 생각하지 않는다. 단지 이전에 비해 정보량이 많아졌을 뿐이다. SNS와 유튜브가 육아의 민낯을 너무나 생생히 보여주고, 댓글로 정보가 실시간 공유되는 시대에 "원래 다 그렇게 사는 거야."라는 어른들의 말이 계속 통하겠는가.

남성의 육아·가사 참여가 출산율을 높인다는 연구 결과도 있지만, 현실은 기대와 다르다. 그저 '돕는다'는 마음가짐으로는 감당하기 어려운 것이 육아다. 한국의 낮은 출산율은 어쩌면 당연한 결과일지 모른다.

육아는 그 자체로 고도의 집중력과 에너지를 요구하는 일이다. 따라서 이 시기의 여자들은 냉정한 판단을 해야 한다. 내가 무엇을 할 수 있고, 무엇을 할 수 없는지. 어차피 모든 일을 완벽하게 할 수는 없다. 우리는 슈퍼우먼이 아니라 평범한 사람이기 때문이다. 나도 아이를 키우고 일을 하면서 내가 지닌 한계를 마주할 수밖에 없었다.

성취감과 육아는 공존할 수 있을까

나는 일에 열정적인 편이고, 주변에도 '성취감'이라는 도파민에 중독된 이들이 많다. 팀 전체가 이런 '성취감 덕후'였던 시절, 시너지는 상상 이상이었고 모두가 함께 성장했다. 힘든 시기였지만, 요즘 그 팀원들을 만나면 다들 "그때 욕하면서 배운 걸로 지금 먹고살고 있어요.", "그때의 10분의 1만 해도 여기서 에이스 소리 들어요. 우리가 그때 어벤져스이긴 했나 봐요."라며 웃곤 한다.

그러던 중 한 후배가 칼퇴근, 적절한 업무 강도, 스트레스 없는 인간관계, 만족스러운 연봉까지 갖춘 소위 '꿀직장'으로 옮겼다. 하지만 얼마 못 가 "심장이 뛰지 않는다."고 토로했다.

"아, 정말 미치도록 열정적인 일을 하고 싶어요!"

복에 겨운 소리 같지만 이해도 간다. 본래 성취감이란 그 과정이 고될수록 더욱 짜릿하게 다가오는 법이니까. 목표를 달성했을 때 분비되는 도파민은 강력한 동기부여가 되어, 또 다른 도전을 갈망하게 만든다. 여기엔 분명 장단점이 공존한다.

반면, 현재의 안정감 속에서 만족을 찾는 것 또한 현명한 선택일 수 있다. 익숙한 업무를 능숙하게 처리하며 계획에 따라 움직이고, 동료들과 원만하게 소통하며 예측 가능한 범위 내에서 업무를 관리하는 삶 역시 나름의 장단점이 있다.

이건 맞고 틀리고의 문제가 아니다. 그냥 '다른' 것이다. 성취감 '만렙'을 찍는 일은 롤러코스터를 탄 것이고, 안정감 높은 일은 순항하는 유람선에 탄 것이다. 어떤 배를 탈지는 자신의 마음이다. 단지 롤러코스터에서 유람선 같은 평온함을 기대하거나, 유람선에서 롤러코스터 같은 스릴을 찾지는 말아야 한다. 하나를 선택했으면 다른 하나는 내려놓아야 하는 것이다.

하지만 롤러코스터를 타던 사람이 엄마가 되면서 갑자기 유람선으로 갈아타는 경우가 있다. 성취 지향의 사람이 '엄마'라는 새 역할을 맡으면서 익숙하고 안정적인 업무나 직장으로 옮기는 것이다. 이런 경우에 그녀는 주로 이런 말을 한다.

"아이가 좀 크면요…… 그때 다시 미친 듯이 달릴 거예요!"

하지만 한 가지 분명한 사실을 짚고 넘어가자. 아이가 '좀' 큰다고 절대 편해지지 않는다. "배 속에 있을 때가 가장 편했다."는 선배 엄마들의 이야기는 단순한 농담이 아니다. 아이가 기어다니면 잠시도 눈을 못 떼고, 말문이 터지면 "왜요?", "싫어요!" 공격에 영혼까지 탈탈 털린다. 내가 우리 회사 영업부의 전설인데, 집에서 다섯 살짜리와 협상하려다가 무참히 패배했을 때의 기분을 아는가.

아이가 학교라는 큰 사회에 발을 들이면 그때부터 또 다른 시작이다. 내 아이 친구, 그 친구 엄마, 선생님과의 끝없는 관계 설정과 눈치 게임 등 새로운 차원의 과제가 가득하다. 내가 컨트롤할 수 없는 외부 변수들이 쓰나미처럼 밀려오는데, 엄마는 그 속에서 아이가 올바른 방향으로 나아갈 수 있도록 길을 만들어주어야 한다. 한마디로 엄마의 일은 휴지기 없이 끊임없이 늘어나는 것이다.

아이가 조금 더 크면 다시 달릴 수 있으리라는 생각은, 아이가 어느 정도 성장하면 엄마에게 충분한 개인 시간이 주어지리라는 환상에서 비롯된다. 그리고 중요한 사실을 간과한 생각이다. 당신이 '아이가 좀 더 크면……'이라며 잠시 멈춰 있는 동안에도 세상은 쉼 없이 변화한다는 사실 말이다. 그때도 당신을 위한 자리가 지금과 같은 조건으로 기다리고 있을지는 아무도 장담할 수 없다.

그래서 '아이가 좀 더 크면'이라고 생각하고 있다면 냉정히 현실을 바라봐야 한다. 과거처럼 일하며 성취감을 얻는 삶을 원하는지, 아이와 함께 평안하고 안온한 삶을 바라는지. 이는 옳고 그름의 문제가 아니라, 자기이해와 선택의 문제다. 다만 잊지 말아야 할 점은, 한번 긴장의 끈을 놓고 '아이 뒤'라는 안전지대로 물러서면, 다시 그 끈을 팽팽하게 당겨 앞으로 나아가기는 생각보다 훨씬 어렵다는 것이다.

일을 사랑하고 인생에서 일로 승부를 보기 원한다면 아이 뒤로 물러나지 않기를 바란다. 어차피 '육아도 만렙, 일도 만렙'은 인간이 할 수 있는 영역이 아니다. 분명 육아에서 아쉬움이 생길 것이다. 아무리 올인해도 구멍이 생기는 것이 육아이기 때문이다. 그렇더라도 일에서 이루는 성취가 중요하다면, 자신이 양쪽을 완벽하게 해낼 수 없음을 인정하고 어떻게든 자신의 일을 이어가는 것이 중요하다.

반대로 아이와의 시간이 더 중요하다면, 그것을 인정하고 일에 대한 욕심을 내려놓아야 한다. 도전하지 못했던 일에 계속 미련을 가지면 그 또한 건강하지 못한 결과를 낳기 때문이다. 평생 아이 때문에 자신의 꿈을 이루지 못했다는 피해의식에 시달릴 수도 있다. 하지만 당신이 꿈을 이루지 못했다면, 그것은 아이 때문이 아니라 다른 선택지가 없었던 상황 때문이다. 한번 아이를 선택했다면 미련을 내려놓고 주어진 선택에 올인해서 최선을 다하는 게 좋다.

재택근무와 육아는 공존할 수 있을까

폭설이나 폭우가 쏟아지는 아침이면 늘 불안감이 엄습했다. 이모님이 늦으시면 어쩌지? 하필 여태껏 죽도록 공들인 외국계 제약사와 중요한 미팅이 있는 날인데. 그리고 안타깝게도, 때때로 그 불안은 현실이 되곤 했다. 예상치 못한 기상 악화로 교통이 마비되어 평소보다 훨씬 일찍 집을 나서야 하는 상황. 조마조마한 마음으로 이모님께 연락을 시도하지만 닿지 않을 때, 그때 느낀 절망감이란.

그렇다면 눈이 오고, 아이가 유치원에 가지 못하고, 이모님이 빙판에 미끄러져서 다리를 다친 그날에 내가 재택근무를 하면 어떨까? 하지만 아무리 상황이 나빠도, 재택근무와 육아는 공존해서는 안 된다.

재택'근무'는 이름에서 알 수 있듯이 근무의 한 형태다. 출퇴근에 소모되는 시간과 에너지를 아껴 노동자가 조금 더 효율적으로 업무에 집중할 수 있도록 만들어진 제도가 재택근무다. 그렇다면 육아와 재택근무를 병행할 수 있을까? 아이가 옆에서 계속 "엄마, 똥 마려워!", "엄마, 심심해!", "엄마, 저것 좀 봐!" 3단 콤보를 날리는데 업무에 집중이 가능할 리 없다. 한 번에 한 가지 하기도 힘든 것이 육아다.

사회적으로 직장에 다니는 여성이 아이도 돌볼 수 있는 체계를 구축하고 다양한 지원 방안을 마련해야 하는 것은 당연한 일이다. 육아는 혼자서는 결코 해낼 수 없고 반드시 사회적 지원이 필요한 중대사이기 때문이다. 하지만 여성 개개인이 육아 문제와 직장 업무를 명확한 구분 없이 뒤섞는 것은 경계해야 한다. 재택근무 역시 직장생활이다. 일을 하라고 만들어놓은 시스템에 나의 생활인 육아를 섞어서는 안 된다.

납득이 안 되면 휴가와 재택근무를 비교해서 생각해보자. 휴가는 '일 안 함'이 기본값이다. 그래서 "휴가 중이니 업무 연락은 자제해주십시오."라는 요구는 정당하다. 반면 재택근무는 근무 장소가 자택일 뿐 엄연한 근무시간에 속한다. 만약 재택근무 중에 수시로 육아 상황에 개입해야 한다면, 이는 사실상 '육아를 하며 간헐적으로 업무를 처리하는 것'에 가깝다. 내 휴가에 '회사의 업무'가 침범하면 화를 내면서, 내 재택근무에 '육아'가 침범하는 것은 괜찮은지, 스스로 생각해보면 답을 알 수 있다.

인정하자. 우리는 모든 일을 다 잘할 수 없다. 재택근무를 하면서 육아를 할 수는 없다. 근무도 아니고 육아도 아닌 어정쩡한 상태가 될 것이다. 일로도 성공하고 육아도 성공하는 슈퍼우먼도 될 수 없다. 둘 중 하나는 부족해도 괜찮다고 생각하고 마음을 비울 수 있어야 한다. 다 가지려고 욕심을 내

다간 결국 갉아먹는 건 자신의 체력과 정신력이다. 인생의 레이스는 길고 위태롭다. 이 여정을 끝까지 완주하기 위해선 완벽한 슈퍼우먼이 되겠다는 마음부터 내려놓아야 한다.

우리의 찬란한 완주를 위하여

왜 '워킹맘'이라는

말만 있을까?

30대 중반쯤이 되면 함께 일하던 여자 동료들이 하나둘씩 떠난다. 출산을 하고 복직했지만 어느 시점에 아이가 초등학교에 들어가서, 혹은 아이를 봐주던 친정어머니가 아파서, 아이에게 미안해서 등등의 이유로 결국 회사를 그만둔다. 하지만 같은 이유로 회사를 그만두는 남자 직원은 거의 없다. 이상하지 않은가? 학창 시절 함께 공부하고, 비슷한 취업활동을 거쳐, 같은 업무를 해왔는데, 아이를 이유로 회사를 그만두는 남자는 없다니. 결국 팀장이 되고 부장이 되고 임원이 되는 건 그들이다. 위로 갈수록 남초가 될 수밖에 없는 구조다. 이런 구조 속에서도 회사를 그만두지 않고 일하는 여성들은 '워킹맘working mom'이라고 불린다. '일하는 엄마'. 엄마는 엄마인데, 굳이 '일하는'이라는 수식어가 붙는다.

워킹맘 vs. 워킹대디

하지만 생각해보자. 우리 사회에 '워킹대디'라는 단어가 통용되지 않는다는 데서 이미 '워킹맘'이라는 단어는 차별적이다. 아빠가 일을 하는 것은 너무나 당연해서 '워킹대디'라고 굳이 따로 불러야 할 이유가 없는 것이다. 하지만 일하는 엄마는 '워킹맘'이라는 이름으로 다른 취급을 받는다. 이 단어 자체가 아이를 키우는 여자가 '엄마'라는 존재를 떠나서 일하는 존재로 인정받기까지 얼마나 많은 싸움을 해야 하는지, 그 현실을 보여주고 있다. 이 모든 것이 여성에게 '엄마'와 '직장인'이라는 두 가지 역할을 동시에 요구하는 사회적 압력에서 비롯되었다.

 아이는 남자와 여자가 함께 만들고 키운다. 하지만 현실적으로 함께하는 건 '만드는 것'까지다. 회사에서는 남녀가 똑같이 8시간을 일하고, 같은 평가 기준에 따라 평가받는다. 여성에게만 주어지는 배려라고 해봐야 임신 초기와 말기의 단축근무 그리고 출산휴가가 전부다. 아이를 낳는 데 필요한 최소한의 물리적 시간 외에, 아이를 키우면서 발생하는 무수한 변수에 대한 배려는 사실상 전무하다. 그리고 이 '키우는' 일은 대부분 여성에게 부과된다.

아이가 아주 어릴 때는 정신이 없고, 조금 자라 5세쯤 되면 겨우 일상이 정돈된다. 그 평범한 겨울날의 하루를 예로 들어보자. 새벽에 일어나 아이의 식사를 준비하고, 유치원 가방을 챙긴다. 혹시나 아이가 아플까 머리를 짚어본다. 살짝 미열이 있다. "엄마, 나 오늘 아픈데 유치원 안 가면 안 돼?" 창밖엔 눈이 내린다. 이모님께 "아이가 아픈 것 같지만, 유치원은 꼭 보내주세요. 안 간다고 해서 안 보내면 버릇돼요."라고 문자를 남긴다.

출근길 전철에서 동네 엄마들 톡방을 체크하며 영혼을 담은 이모티콘으로 대답을 한다. 동시에 아이가 방학에 갈 수 있는 선행학습 학원을 알아보기 위해 광클을 한다. 회사에

도착하자마자 회의, 점심은 배달, 오후엔 프레젠테이션 준비로 정신이 없다. 그때 유치원에서 전화가 온다. "어머님, 아이가 아파요. 열이 많이 나요. 집에 데려가셔야 할 것 같은데 언제 오실 수 있나요?"

결국 이모님이 유치원으로 출동하고, 회의 중에도 "사모님, 아이가 열이 안 내려요. 병원 다녀왔는데 계속 엄마를 찾아요. 영상통화라도 가능할까요?"라는 메시지가 쉴 없이 온다.

저녁에 녹초가 되어 집에 오면, 먼저 돌아와서 소파에 앉아 있던 남편이 말한다. "애 아픈데 좀 일찍 오지." 대한민국의 여느 평범한 남자들처럼, 그 역시 부부가 모두 일하는 상황에서 아이가 아프면 자신이 일찍 퇴근해 아이를 돌본다는 선택지는 아예 없다. 자신이 주양육자라는 인식 자체가 없는 것이다.

다음 날 아침, 이모님이 전화한다. "사모님, 어제 눈길에 미끄러져서 허리를 삐끗했어요. 오늘 못 나갈 것 같아요." 아침에는 중요한 회의가 있다. 1분도 늦으면 안 되는데, 머릿속이 새하얘진다. 결국 아랫집 친구에게 SOS를 친다. "아…… 언니…… 내가 진짜 아침부터 미안해서 미치겠는데……"로 시작하는 그 비굴하고도 절박한 전화를.

물론 이 시나리오에서 이모님 대신 친정엄마나 시어머니가 계실 수도 있고, 남편이 영화 <82년생 김지영>의 공유처럼 자상할 수도, 아이를 언제든 맡아줄 친언니가 아랫집에 살 수도 있다. 하지만 그런 '유니콘' 같은 상황은 아마 1% 미만일 거다. 원래 좋은 일은 남 얘기고, 대부분의 고되고 불편한 일은 신기하게도 꼭 내 얘기가 되지 않던가.

이 와중에 회사의 높으신 분들은 '아이가 아파서'라는 이유가 업무에 끼어드는 걸 잘 이해하지 못한다. 1970년 이전에 태어나신 남성 임원들은 그들의 잘못이라기보다는 사회구조상 육아와 가사에 거의 관여하지 않았다. 심지어 진통 중인 산모가 상사의 업무 전화를 받고 "그런데, 저 지금 진통 중이라……"라고 양해를 구해야 했던 웃지 못할 일화도 존재한다. 출산휴가연장 제도도 없었고, 출산 후 돌아오지 않으면 "이기적이다.", "남은 사람들은 어떻게 하라는 거냐."는 비난을 감수해야 했다. 이런 세대의 남자들이 '출산·육아 장려책'을 온전히 이해하기란 어렵다. 그들의 시대는 '여자는 결혼하면 당연히 퇴사'가 정설이었던 시대 아닌가.

그 때문에 그들은 그저 이 상황이 불편하기만 하다. 그들 역시 가정이 있고 아이가 아픈 날도 있었겠지만, 대부분 아내로부터 '보고'받고 기껏해야 병원에 차로 데려다주는 정도의 '도움'으로 '좋은 아빠' 소리를 들었을 가능성이 크다. 그러니 '아이가 아프다'는 상황이 엄마에게 요구하는 구체적인 행동과 감정노동의 무게는 그들에게 '상상 불가능한 영역'일 수밖에 없다.

문제는 조직에서 남성 임원들이 나의 평가자라는 것이다. 그 평가자들의 인식이 이러하다면, 내 아이 문제를 회사에서 온전히 이해해주길 바라는 건 순진한 기대다. 그들이 겉으로 내색하지 않는다 해도, 승진에 영향을 미치거나 '프로답지 못하다'는 낙인이 찍힐 수 있다. 이걸 피하려면? 여자들은 집안일을 회사로 끌고 들어와서는 안 된다는 결론에 이른다.

결론적으로 남자 상사들은 일하는 엄마들이 업무에 차질을 주는 상황이 불편하고, 아빠들은 자신이 공동 주양육자라는 인식이 없다. 결국 이런 고립무원의 상황에서 이리 뛰고 저리 뛰다가 진이 빠져 회사를 그만두는 쪽은 남자가 아니라 여자가 되는 것이다. 당연한 일 아닌가. 우리 사회에 '워킹대디'는 없고 '워킹맘'만 있으니 말이다.

1인 N역의 여자들: 직장인+주부+엄마……

우리 사회에서 '워킹맘'의 반대말은 '워킹대디'가 아니라 '전업주부'다. 우리 사회는 늘 '워킹맘'과 '전업주부'를 구분 짓는다. 오래된 '여적여'(여자의 적은 여자) 프레임과 마찬가지다.

'전업주부'라는 말부터 한번 따져보자. '전업주부'는 집안일 전반을 '업業'으로 삼는 사람이다. 엄청난 멀티태스킹을 요하는 이 전문직에 대해 우리 사회는 이상하리만치 그 가치를 인정하지 않거나, 보상하지 않는 것을 당연하게 여긴다. 요즘 가사 업무를 중개하는 다양한 앱이 있는데, 주부의 업무를 전부 아웃소싱 비용으로 환산해보면 그 가치가 어마어마할 거다. 그런데도 '주부'라고 하면 그냥 '집에서 논다'는 인식을 깔고 들어간다. 심지어 "직업이 주부입니다."라는 표현조차 어색하다. 경제적으로는 '무직'과 동급으로 분류되기 일쑤다.

심지어 '엄마'라는 직업은 존재하지도 않는다. 그냥 주부라는 말로 뭉갠다. 존재하지도 않는 이 직업은 세상에서 가장 난이도가 높다. 자기 힘으로 할 수 있는 건 하나도 없으면서 "내가 다 할 수 있다!"고 외치는 이 당돌한 작은 피조물을 최소한 '남에게 피해 안 주고 제 밥벌이하는' 인간으로 키워내야 하는 것이 '엄마'라는 존재의 소명이다. 그런데 이 어마어마한 과업을 그냥 '전업주부'에 뭉뚱그려놓는다. '워킹맘'이라는 단어가 말뜻에 이미 '엄마인데 일도 한다고?'라는 차별적 사고를 포함하고 있다면, '전업주부'라는 단어는 그나마 '엄마'라는 역할을 따로 취급조차 않고 있다. 이 역시 여성의 역할을 납작하게 축소하는 단어다.

이렇게 축소되고 또 축소되는 단어 속에서 여성 직장인들은 아이를 돌보는 엄마의 역할과 집안 전체를 돌보는 주부의 역할 그리고 직장인의 역할까지 하고 있다. 그럼에도 불구하고 '부족하다'는 평가를 듣는다. 반면 남성 직장인들은 대부분 차려진 밥을 먹고 이미 치워진 공간에서 생활한다. 가끔 아내가 세팅해준 일정에 따라 아이를 픽업하고, 지시받은 물건을 사 오는 등 일부 역할을 수행하긴 하지만 결코 아이를 양육하거나 집안을 돌보는 일에 주체적으로 나서지 않는다.

우리의 찬란한 완주를 위하여

그런데도 '자상하다'는 평가를 듣는다.

이렇게 일하는 여자들이 자신의 몇 배는 더 노력하는데도 불구하고, 남자들은 일하는 여자에 대한 평가에 더 박하다. 여자 직원이 아이가 아파서 쩔쩔매고 있으면, "워킹맘이라 아무래도 업무에 신경을 덜 쓰겠지. 우리가 이해해야지. 그런데 아무래도 임원이 되긴 좀 힘들겠어." 같은 한가한 소리나 하는 것이다.

그래서 지금까지 임원급으로 버텨낸 여자들을 보면 누가 보더라도 '와, 보통이 아니다.'라는 생각이 드는 센 캐릭터가 많다. 당연하지 않은가. 옆의 남자 동료보다 몇 배의 책임을 진 상태에서 뭐라고 트집 잡고 싶어도 잡을 수 없는 압도적인 성과를 남겼다는 의미니까. 그만큼 자신을 불사르며 수명을 깎아먹을 정도의 노력을 했다는 의미다. 그리고 이것이 남성 중심의 임원 사회에서 편견 어린 평가로부터 다른 여성 직장인들을 지킬 수 있는 유일한 방패이기도 했다.

일하는 엄마가

엄마 네트워크에서 살아남는 법

"야, 솔직히 엄마들은 너 같은 워킹맘, 모임에 나와봐야 별로 안 좋아해."

내 20년 지기의 '진심 어린' 조언이었다. 아이가 초등학교에 입학하고, 엄마들 모임에 전투적으로 참여해야 하는 그 살벌한 시기. 낮 모임, 저녁 모임 가리지 않고 휴가까지 내가며 참석하고, 외근이 늦게 끝나면 밤늦게라도 얼굴을 비쳤다. 눈이 펑펑 쏟아지던 어느 날, 사무실에서 집으로 오는 길이 봉쇄되어 평소보다 두 배 넘는 시간이 걸려 겨우 모임에 도착해 지친 몸으로 엄마들과 웃고 떠들었다는 내 하소연을 들은 직후에 친구가 한 말이었다. 그렇게까지 해도 전업주부 엄마들이 나같이 직장 다니는 엄마들을 '끼워주지' 않는다는 말이었다.

물론 아이가 있는 곳엔 엄마들의 네트워크가 있고, 그 안에는 보이지 않는 질서와 암묵적인 규칙이 존재한다. 특히 직장을 다니는 입장에서는 매일 얼굴도장 찍기 어려운 현실에서, 어떻게 다른 엄마들과 자연스럽게 어울리고, 아이에게 필요한 정보를 구하고, 아이를 각종 활동에 참여시킬 수 있을까? 정답은 의외로 심플하다. 엄마도 즐거워야 이 레이스를 오래, 그리고 우아하게 완주할 수 있다. 그리고 그 즐거움의 핵심에는 '쓸모 있는 매력'이 자리한다.

'전략적 쓸모'로 스며들기

어느 날, 둘째의 학부모 모임에 참석했을 때였다.

"아, ○○네 어머니시구나!"

"아드님이 우리 애를 그렇게 잘 챙겨준다고 하더라고요. 둘이 방과 후 학습을 했는데 거기서도 엄청나게 도움을 많이 받았나봐요."

먼저 다가와서 반색하는 엄마들이 있었다. 나중에 집에 돌아와서 둘째에게 물어보니 그렇게 친한 아이도 아니라고 한다. 그때 메시지를 받았다.

"○○ 엄마, 아까 반가웠어요. 아드님이 그렇게 수학을 잘한다던데. 지금 다니는 학원 정보 좀 받을 수 있을까요?"

둘째가 공부를 잘하다 보니,(그때는 그랬다.) 정보를 얻기 위해 엄마들이 먼저 말을 건 것이다. 이런 걸 보면 정말 아이들은 저마다 고유한 기질과 성향을 타고나는 것 같다. 첫째 아이 때는 모든 것이 처음이라 아이가 태어나기 전부터 각종 프로그램, 영어 유치원, 대치동 학원 등 교육 시장의 '호구'가 되어가며 투자했지만, 아이도 나도 만족할 만한 성과를 얻지 못했다.

흥미롭게도, 첫째 아이에게 모든 교육적 역량을 집중하는 동안 상대적으로 자유롭게 성장한 둘째 아이는 학업에서 두각을 나타냈다. 어쩌면 양육이란 아이의 기질을 정확히 파악하고 그에 맞는 지원을 제공하는 과정인가 보다. 어쨌든 첫째

때와는 달리 다양한 모임에서 나를 찾는 연락이 늘었고, 단톡방에 초대되었으며, 학부모 네트워크 내에서도 보다 쉽게 정보를 얻을 수 있었다. 과거에는 내가 적극적으로 정보를 찾아 나서야 했다면, 둘째 아이 때는 정보가 자연스럽게 나에게 흘러들어 왔다.

결국 엄마들의 네트워크를 결속하는 요소는 '정보'와 '쓸모'다. 아들이 공부를 잘한다는 이유만으로 나는 별다른 노력을 하지 않았음에도 이미 가치 있는 정보를 지닌 사람으로 판단되어 그 안에 받아들여진 것이다. 그렇다면 자녀가 공부를 잘하지 못하는 경우에는 어떻게 해야 할까? 이때는 자신이 '쓸모 있는 사람'이라는 점을 어필하고 '인간적인 매력'을 보여야 한다.

엄마들 사이에서 인간적인 매력이란 결국 '공감'에서 시작된다. 매일 모임에 참석할 수 없다면, 남들이 꺼리는 청소나 소풍 도우미 같은 일을 하루 휴가를 내서라도 맡아보자. 티는 안 나지만 힘든 일을 도맡는 모습을 다른 엄마들이 보면, '저 사람 얌체는 아니네.'라는 인상을 남길 수 있다.

아이들이 어릴 때는 각 그룹에서 주도권을 잡는 엄마들이 있다. 학교, 학원, 체험학습 등 각자 전문 분야가 다르기 때문에 초반에 줄을 잘 타야 한다. 엄마들과의 관계는 3월 안에 승부를 봐야 한다는 말이 괜히 나온 게 아니다. 이때 내가 도울 수 있는 부분을 명확히 어필하고, 서로 '윈윈' 할 수 있는 '딜'을 제시하는 것이 현명하다. 예를 들어, "제가 주말에 코딩 수업 자료는 끝내주게 만들 수 있어요!" 혹은 "회사 복지몰 찬스로 이 공연 티켓 할인되는데, 같이 가실래요?" 같은 식이다.

이때 금기어는 '자랑'이다. 돈, 남편, 아이 성적, 커리어 등등 설사 자랑할 일이 있어도 묻어두어야 한다. 오히려 살짝 '짠내' 나는 현실 공유가 동질감과 묻어갈 명분을 동시에 제공한다. "아빠 벌이가 시원치 않아서 제가 꼭 돈을 벌어야 해요.", "아침마다 전쟁이에요.", "퇴근하고 오면 파김치예요." 같은 리얼한 모습은 당신을 '우리 편'으로 인식하게 만든다. 여기서 핵심은 '불쌍해 보이는 것'이 아니라, '함께 육아하는 동지'로서 유대감을 형성하는 데 있다.

그리고 자신의 커리어도 가능하면 내세우지 말아야 한다. 여기 있는 다른 엄마들도 능력이 없어서 일을 안 하는 게 아니라 상황이 여의치 않아 못 하는 경우가 많기 때문이다. 무엇보다 중요한 것은 엄마들이 육아에 쏟는 시간에 대한 진심 어린 존중과 존경이다. 그들의 노고를 인정하고 배우려는 자세는 당신을 겸손하고 매력적인 사람으로 보이게 한다.

물론 이런 엄마들의 관계는 아이들이 중학교 2학년, 첫 시험 성적표를 받아 들고 나면 또 다른 국면을 맞이한다. 그때부터는 성적 혹은 인성, 둘 중 하나로 승부 보는 본격적인 정보전이 펼쳐진다. 우리 둘째의 경우처럼 공부를 잘하는 친구 혹은 성격이 좋아서 교우 관계가 좋은 친구에 대한 요구가 높아지는 시기다. 이때 엄마들의 관계는 자녀들의 성적과 인성으로 재편된다.

그리고 아이가 스무 살, 어엿한 성인이 되어 훨훨 날아갈 때쯤에야 비로소 엄마는 진정한 안도의 한숨을 내쉰다. 이제 육아라는 짐을 잠시 내려놔도 되기 때문이다. 좀 더 정확하게는 아이의 교우 관계를 내가 신경 쓸 필요가 없어지기 때문이다. 아이가 둥지를 떠난 지금은 그동안 전략적으로 쌓아온 인간관계에서 벗어나 진심으로 함께하고 싶은 사람들하고만 함께할 수 있다. 그러고부터는 모임에 나가는 발걸음이 얼마나 가뿐하던지……. 이는 경험한 엄마들만 알 것이다.

육아도 결국 사회생활이다

메타버스, 인공자궁, AI가 등장해도, 아기는 여전히 아기로 태어난다. 그리고 육아는 여전히 힘들다. 엄마의 역할은 비대면 정보 파악과 대면 모임 참여로 나뉜다. 온라인 플랫폼과 알고리즘이 육아 정보를 쏟아내지만, 결국 엄마들은 오프라인에서 '누구 엄마'라는 이름으로 만난다.

엄마들이 모이는 곳은 결국 사회의 축소판이다. 내 아이가 사회생활을 시작하는 그 순간, 엄마도 새로운 사회생활을 시작한다. 지금 시대에 "아이 일은 아이가 알아서 하게" 두라는 말은 무책임하다. 초등학교 저학년 시기, 그리고 학기 초 그 짧은 기회에 엄마가 한 걸음만 나서도 아이의 학교 적응 및 교우 관계에 큰 도움을 줄 수 있기 때문이다.

3월 입학 시즌에는 반드시 학부모 모임에 출석하자. 어색해도 끝까지 남아 얼굴을 익혀두는 것이 좋다. 그래야 "오늘 재래시장 체험 저희 조인데, ○○도 같이 데려가도 될까요?" 같은 전화라도 한 통 받을 수 있기 때문이다.

4월에 주로 있는 소풍, 녹색어머니회 등 단발성 지원 활동은 휴가를 써서라도 참여하자. 이때 '얌체가 아닌 진국'이라는 평가를 듣는 것이 중요하다.

그리고 5월 학교 행사에도 도우미로 참여해, '일하면서도 학교 활동에도 열심인 엄마'의 이미지를 심어준다. 학교 행사는 특히 중요한데, 아이들의 세계도 정글 같아서, 다른 집 아이들에게 든든한 엄마의 존재감을 보여줄 필요가 있다.

6월이면 친해진 엄마들로부터 저녁 모임 초대가 들어오기 시작한다. 퇴근 후에 피곤하겠지만 가능한 한 티를 내지 말고 달려가 편안한 분위기로 참석하자. 그리고 7월에 "방학 때 우리 애는 수영할 건데, 같이 할래요?"라는 제안이 오면, 이제 한숨 돌려도 좋다는 신호다.

엄마들 모임이 정 싫다면, 3월부터 구석에 조용히 앉아 휴대폰만 보다가 내 아이 데리고 알아서 하면 된다. 회사생활 할 실력이면 아이와 교육환경 분석 정도는 충분히 할 수 있다. 하지만 그게 아니라면, 결국 내가 좋아하는 사람들을 만들어야 한다. 어색함은 잠시 참고, 나와 맞는 엄마들을 찾아 진심 어린 도움을 주고받아야 육아라는 이 험난한 레이스를 헤쳐 나가기가 조금이라도 수월해진다. 회사 맛집 정보, 패밀리 세일, 온라인 쿠폰 등으로 접점을 만들고 진심으로 친해지고 싶다는 마음을 전달하면 인간적 호감을 얻을 수 있다. 술자리 초대를 받으면 가서 재미나게 마시고, "직장생활 하면서 애 키우기 힘들지 않아요?"라는 질문에는 "살림하면서 애 키우는 것처럼 힘든 게 어디 있어요. 직장 가는 게 그냥 노는 거라고 생각해요."라고 답하면 자연스럽게 인간적인 매력이 쌓인다.

그러다 보면 나를 '예쁘게' 보는 엄마들이 연락을 해 오고, 나와 친해지고 싶어 하는 엄마들이 내 아이를 챙긴다. "언니, 내가 지금 애들 픽업해서 양재동 꽃시장 갈 건데, ○○도 데려갔다 올게요!"라는 고마운 전화를 받을 수 있게 된다.

초등학교 6년에 중학교 1년까지는 엄마의 도움이 필요한 나이다. 총 7년의 시기다. 어떤 회사도 재미없는 채로 7년을 다닌다고 생각하면 '억지로'는 못 한다. 그러니 아이가 아니라 나를 위해서라도 마음 맞는 사람들을 찾아야 한다. 그래야

우리의 찬란한 완주를 위하여

이 긴 레이스를 완주할 수 있다. 결국 육아도 사회생활이고, 엄마가 즐겨야 오래 할 수 있다.

엄마가 하는 게

이런 거야?

"엄마, 오늘 어떤 손님이 내 얼굴에 돈을 던졌어."

퇴근하고 돌아오니, 딸아이가 건넨 말이다. 올리브영 매장에서 아르바이트를 하던 딸이 손님에게 교환·환불 규정을 설명하다가 "너 내가 누군 줄 알아? 너 내가 어디 사는 줄 알아?"라는 폭언을 듣고, 결국 돈까지 맞을 뻔했다고 한다. 다행히 가벼운 지폐라 얼굴을 스치지 않았으니 망정이지, 카드나 다른 물건을 던졌으면 어떤 일이 벌어졌을까 아찔하다.

지금이야 이렇게 말하지만, 처음 딸의 이야기를 들을 때는 욱해서 "야, 때려치워."라는 말이 나오려는 걸 꾹 참았다. 앞

우리의 찬란한 완주를 위하여

으로 20대 여자가 어떤 사회생활을 겪을지 알기 때문에 눈물이 날 것 같았다. 하지만 아이가 울지 않는데 내가 울 수는 없는 일이었다. 딸의 첫 사회생활은 이렇게 진상 고객과의 한판 승부로 시작되었다.

그렇게 아르바이트 경력을 쌓아가던 딸아이가 어느 날 새 점장을 맞이하게 되었나 보다. 새 상사가 꽤 마음에 들었는지 신이 나서 조잘거리기 시작했다.

"엄마, 이번에 새로 온 점장님은 진짜 다르다? 매장에 나와서 직접 물건 진열도 하고, 물류 들어와서 일 많은 날에는 우리한테 커피도 꼭 사줘. 몰랐는데, 회사에서 점장들이 직원들한테 쓸 수 있도록 나오는 돈이 따로 있다고 하더라고!"

그러던 어느 날 저녁, 딸아이가 평소보다 훨씬 더 상기된 목소리로 전화를 걸어왔다.

"엄마! 오늘 대박 사건 있었어!"

이야기를 들어보니, 어떤 손님이 딸한테 물건 고르는 동안 옆에서 자기 짐 좀 들고 있어달라고 한 모양이다. 하지만 규정상 점원은 손님 짐을 들고 있을 수 없단다. 아직 초짜 아르바이트생인 딸이 난감해하고 있는데, 점장이 와서 "손님, 저희 직원들은 손님 물건을 대신 들어주는 사람들이 아닙니다. 직접 들고 골라주셔야 합니다."라면서 막아줬다고 한다. 그 손님은 물론 길길이 날뛰었는데, 점장의 단호한 태도에 결국 물러났단다.

"내가 나중에 점장님한테 가서 고맙다고 인사하니까 점장님이 이러는 거야. '내가 이런 거 하라고 월급 더 많이 받는 건데, 뭐가 고맙니?' 완전 멋있지?"

거친 사회에서 자신을 지켜주는 믿음직한 상사의 모습에 딸은 홀랑 넘어간 것 같았다. 나도 딸의 상사가 우리 딸을 부하 직원으로 보호해줬다는 사실에 고마웠다. 그때 딸이 이런 이야기를 했다.

"근데, 오늘 생각했는데, 엄마도 밖에서 우리 점장님처럼 그런 거 하는 거야? 임원이라고 했잖아. 그래서, 잘해주지도 않는데, 직원들이 엄마 막 따라다니고 그러는 거야? 주말에도 막 일 시키고, 막 화내고 그래도?"

웃었다. 분명히 웃었는데, 울었다. 아르바이트를 하던 딸이 리더의 역할이 무엇인지를 깨닫고, 사회에서 리더로 일하는 엄마를 떠올린 것이다. 일이 바빠 늘 집에 없는 엄마에게 불만이 많았던 아이다. 하지만 막상 사회에 나가보니 엄마가 하는 일이 무엇인지 어렴풋하게나마 이해하게 된 것이다.

그때 '아이들은 부모 뒷모습을 보고 자란다.'라는 말을 떠올렸다. 아니, 이 말은 조금 바꿀 필요가 있다. 정확히는 '부모 뒷모습**까지도** 보고 자란다.'가 아닐까? 보여주고자 애썼던 모습뿐 아니라 미처 생각하지 못했던 모습까지 다 보고 있었으니 말이다.

한밤의 수다타임

아이들의 성장 과정에서 나는 늘 '바쁜 엄마', '집에 없는 엄마'였다. 주말이면 고객사 미팅 때문에 호텔 로비에 아이를 데려가 앉혀놓고, 아이는 수학 문제를 풀게 하고 나는 미팅을 하는 게 일상이었다. 주중에는 퇴근 후에도 시도 때도 없이 걸려오는 업무 전화 때문에 늘 "얘들아, 엄마 통화하니까 조용히 좀 해줄래!"라는 말을 입에 달고 살았다. 가끔 직원들이 집에 놀러 올 때면 맛있는 음식을 먹으려고 나와서 같이 앉아 있다가도, "왜 그렇게 재미없는 이야기만 해?" 하고는 도로 방에 들어가곤 했다. 딸아이의 눈에 엄마의 직원들은 항상 불쌍한 존재였다. 재미없는 이야기만 하고 일도 많이 시키는데 대체 10년씩 엄마랑 일하는 이유를 모르겠다고 했다. 그리고 자신은 절대 엄마처럼 살지 않겠다며, 칼퇴근 후 오롯이 '저녁이 있는 삶'을 즐길 수 있을 것 같다는 원대한 포부 하나로 유아교육과에 지원했다.

이렇게 엄마처럼 살지 않는 게 인생의 목표인 딸이 아르바이트를 하다가 엄마 생각을 했다니. 아이들도 그 작은 머리로 다 보고 있었구나 싶었다. 나는 일하는 엄마라서 딸에게 늘 뒷모습만 보여줬는데, 딸은 수학 문제를 풀면서 내 뒷모습을 다 보고 있었던 것이다.(물론 이때 아이가 수학 문제를 전혀 안 풀었던 것 같긴 하다.) 내가 무심코 했던 말 한마디, 행동 하나하나가 아이의 인생에 어떤 식으로든 영향을 주었겠구나 싶었다.

딸은 나에게 원망이 많다. 하긴 딸의 인생에서 내가 한 역할은 죽 '나쁜 사람'이었던 것 같다. 힘들다고 할 때 안아준 적도 없고, 그만하고 싶다고 할 때 받아준 적도 없고, 필요하다고 할 때 반드시 옆에 있어주지도 않았다. 그러나 확실하게 하나 한 것이 있다면 '이야기'다.

아이가 초등학교 저학년 때, 한번은 내가 너무 화가 나서 아이 문제집을 찢은 적이 있다. 그 이야기를 들은 선배 엄마가 그랬다. "지금은 아이가 어리니까 그냥 넘어가는데, 다 상처야. 그렇게 상처 생기면 나중에 애가 나랑 말을 안 하거든. 육아 과정에서 제일 중요한 건, 애가 끝까지 나랑 말을 하는 거야. 애가 사춘기 돼서 입 다물기 시작하면 대책 없다."

그 이야기를 듣고 반성했다. 그리고 그때부터 아이들과 한 방에서 같이 잠을 자기 시작했다. 퇴근하고 나서는 아이들 밥 챙기고, 숙제 봐주고 하다 보면 시간이 정신없이 지나가버려서, 우리가 대화를 나눌 시간이 자기 전밖에 없었기 때문이다. 우리는 셋이서 나란히 누워 각자 오늘 있었던 일들을 이야기하다가 잠이 들었다. 딸이 초등학교 2학년 때부터 중학교 1학년 때까지 그렇게 했다.

아이들에게 억지로 좋은 이야기만 하려고 하지는 않았다. 서로 간에 솔직한 소통이 최선이라고 생각했기 때문이다. 그러다 보니 나는 대부분 "나 오늘 회사에서 OOO 때문에 완전 열받았잖아."로 대화를 시작하곤 했다. 놀랍게도 아이들은 생각보다 회사 이야기를 잘 이해하고 어른들의 일에도 관심이 많았다. 지금도 우리 아이들이 직장생활에 대해 웬만한 과장만큼 아는 건 아마도 내가 회사 이야기를 너무 많이 해서 그런 것 같다. 그렇게 내가 오늘 속상했던 일을 꺼내면 아이들도 "대박이다, 엄마! 근데 나도 오늘 엄마랑 비슷한 일 있었어."라며 자신의 이야기를 꺼내곤 했다.

누워서 이야기를 할 때도 그냥 아무 이야기나 하기보다는 얼마 안 되는 시간을 효과적으로 사용하기 위해 계획을 짰다. 주로 이런 식이었다.

1. 구체적인 사건으로 질문하기: "○○라는 애가 전학 왔는데 엄청 재미있다며? 너도 재미있었어?"처럼 구체적인 질문은 대화를 자연스럽게 이끌어준다. "오늘 재미있는 일 없었어?"와 같은 포괄적인 질문은 "어."로 대화가 끝나버리는 경우가 많다. 퇴근길에 다른 엄마들과 미리 소통해서 누가 전학을 왔는지, 언제 어디로 소풍을 가는지, 선생님이 화를 내셨는지, 옆 반 친구가 싸웠는지 등 '마중물'이 될 만한 정보를 미리

파악해두면 아이들의 이야기를 끌어내는 데 도움이 된다.

2. **경청 후 추가 질문하기:** 먼저 아이의 이야기에 진심으로 귀 기울이는 것이 중요하다. 일단 듣고 나서 작은 것이라도 추가 질문을 한다. 아이가 엄마와 대화하는 시간을 '취조'로 느끼는 게 아니라, 자신이 이야기하고 싶을 때 편하게 말할 수 있는 시간으로 인식하도록 해야 한다.

3. **조언은 피하기:** 이게 가장 중요하다. 내가 훈수를 두는 순간, 아이들은 이전에 무슨 이야기를 하고 있었든 간에 입을 닫아버리는 경향이 있다. 훈수를 두고 싶은 마음이 들더라도 꾹 참고 일단은 아이들이 이야기할 수 있도록 기다려주자. 꼭 훈수를 둬야 한다면, 그 시간이 아니라 나중에 "그때 이렇게 해보면 어땠을까?"라고 넌지시 던져보는 것이 좋다.

함께하지 못한 시간이 더 많았음에도 불구하고 우리가 유대감을 쌓을 수 있었던 건 아마도 아이들이 "엄마, 오늘은 그래서 누가 회사에서 제일 미웠어?"라고 물었던 시간 덕분이 아니었을까? 물론 이왕이면 험담보다 누구를 칭찬하는 편이 더 좋겠지만, 솔직히 그렇게 시도해봤더니 이야기가 잘 이어지지 않았다. 그래서 서로의 하루를 솔직하게 공유하는 데 의의를 두기로 했다.

그러다가 아이들이 사춘기가 되어 각자 방에서 잠을 자게 됐다. 처음 따로 잘 수 있게 되었을 때 딸이 엄청나게 좋아하던 모습이 생각난다. 딸아, 나랑 같이 자는 게 그렇게 싫었니?

아이는 엄마의 뒷모습을 보며 자란다

현재 3년차 알바생인 딸은 "나 없으면 매장이 돌아가질 않아."라고 주장하는 오픈조이고, 점장의 왼팔 정도는 되는 것 같다. 이제 진상 고객들은 문을 열고 들어오는 순간부터 알아본다고 한다. 진상 고객인 듯하면 본인이 나가서 응대하는데, 응대 철칙은 '자본주의 미소를 듬뿍 담고' "아, 고객님 정말 죄송합니다만"으로 말을 시작하는 것이라고 한다. 새로 들어온 직원들이 자기한테 정말 "대단하다"고 한다며 뽐내는 모습이 귀엽기만 하다. 일이 즐겁고 자신의 일에 자신이 있다는 의미일 테니까.

딸에게 내가 물려준 것은 아름다운 외모나 총명한 머리, 일을 안 해도 먹고 살 수 있는 금수저는 아니다.(미안하다, 못 물려줘서.) 하지만 노력을 뒷받침하는 성실성, 그 성실성의 근간이 되는 '나는 이런 사람이야.'라는 자기이해에는 엄마인 내 존재가 도움이 되었으리라 생각한다. 딸은 책 읽기를 싫어하고, 공부보다는 몸으로 뭔가를 하기를 좋아한다. 그리고 자기에게 맞는 일을 찾기 위해 다양한 시도를 하고 있다. 그러기 위해서는 과감히 지원하고, 때로는 처절하게 깨지고, 깨진 이유를 찾아 다음 도전을 준비하는 과정의 반복이 필요하다.

하지만 여간해선 기죽거나 쉽게 포기하지 않는다. 자기가 진정으로 좋아하는 일을 계속하려면 그 힘든 상황을 정면으로 돌파하고 해결해내야 한다는 사실을 깨닫고 받아들이는 것. 그리고 꿋꿋하게 자신만의 방법을 찾아 나서는 것. 그것이 내가 딸에게 보여주고 싶었던 삶의 태도였다. 그래서 딸의 기죽지 않는 당당함이 참 기특하다. 외모나 금수저는 못 물려줬지만 타협하지 않는 근성은 물려줘서 참 다행이라는 생각이 든다. 얼마나 다행인가. 딸은 자신의 노력만큼 성장하고 세상의 인정을 받을 것이다.

사실 나도 육아를 하며 시행착오를 참 많이 겪었다. 하지만 이제 와서 드는 생각은 '완벽한 엄마'가 되기 위해 애쓰기보다는 '진솔한 엄마'가 되는 것이 더 중요하다는 것이다. 때로는 넘어지고 실수하지만, 다시 일어서서 자신의 삶을 책임감 있게 살아가는 모습을 보여주는 것. '진짜 세상'을 살아가는 엄마의 '진짜 모습'을 보여주는 것. 그리고 무엇보다 중요한 것은, 아이가 세상의 어려움에 직면했을 때 언제든 돌아와 기댈 수 있는 든든한 '마음의 안전 기지'가 되어주는 것이라고 생각한다. 결국, 아이는 엄마의 뒷모습까지 보면서 자라기 때문이다.

(03)

예의가 없어서
(안) 죄송합니다

예의가 없어서

(안) 죄송합니다

사무실 이사만큼 조직의 민낯을 생생하게 드러내는 이벤트도 드물다.

"무거운 짐은 남자들이 들고, 탕비실 관리는 여자들이 맡는 게 어떨까요?"

"새 사무실에서는 외부 손님이 오시면 여직원들이 돌아가며 차를 내도록 하죠."

사무실 이전 비용 절감을 논의하던 임원회의에서 나온 발언들이다. 1980년대 실내 흡연이 허용되던 시절의 이야기가 아니다. 21세기 판교 테크노밸리의 IT 회사에서 벌어진 일이다. 그 이야기를 듣는 순간 나는 타임머신을 타고 과거로 돌아간 줄 알았다. 실내 흡연만 없었지, 사고방식은 연기 자욱한 시절 그대로였다.

남자는 힘이 세니까 무거운 걸 들고, 여자는 힘이 약하니까 커피를 나른다? 얼핏 들으면 그럴듯한 배려 같지만, 조금만 곱씹어보면 고개가 갸웃거려진다. 우리가 몸담은 영업 현장에서 성별에 따라 명확히 구분된 업무는 거의 없다. 만약 물리적으로 남녀의 업무 수행 능력이 다르다면, 채용 단계에서부터 성별에 적합한 직무를 배정하면 될 일이다. 그 외의 업무는 개인의 역량에 따라 처리할 문제이지, 굳이 성별을 나눌 필요는 없다.

더군다나 회사가 이사를 할 때, 진짜 무거운 물건들은 전문 업체의 몫이고 남은 건 자잘한 개인 짐이다. 그걸 여자 직원들이 못 들 이유가 있을까? 그리고 그토록 힘이 넘쳐흐른다면서, 남자 직원들은 커피 한잔 타고 손님을 맞이하는 일이 왜 그리도 어렵다는 말인가? 내가 이런 이야기를 하자, 한 임원은 이렇게 대답했다.

"손님 응대는 솥뚜껑 같은 손을 가진 남성보다는 사근사근한 여성이 하는 게 아무래도 좋죠. 기업 이미지에도 플러스가 되고요."

21세기에 이런 말을 듣다니. 내 귀를 씻어내고 싶었다. 결국 이삿짐은 모두 함께 정리하거나 외주를 주기로 했고, 논란의 손님 응대 건은 내가 이렇게 매듭지었다.

"그럼 손님 응대는 제가 책임지고 맡겠습니다. '사근사근한 여성'이 얼마나 칼같이 손님을 응대할 수 있는지 제대로 보여드리죠."

그러자 갑자기 분위기가 급변해 손님 응대는 별도로 하지 않는 것으로, 각자의 손님은 각자 응대하는 것으로 결정됐다. 아니, 왜? 이 내가 직접 '사근사근함'의 진수를 보여주겠다는데? 참으로 알 수 없는 분들이다.

한밤중의 친절한 가르침

이렇게 늘 '아닌 건 아니다'라고 목소리를 내지만, 돌아오는 건 높으신 분들의 불편한 심사다. 어느 날 자정, 회사 메일함

알림이 울렸다. 열어보니 임원 중 가장 서열이 높은 분이 보낸 메일이었고, 참조인에는 대표이사를 포함한 모든 임원이 빼곡히 들어 있었다. 그리고 메일의 시작은 다음과 같았다.

이상무님은 정말 예의가 없군요. 그냥 넘어가려 했으나, 아무래도 한 수 가르쳐드려야 할 것 같아 메일을 보냅니다.

물론 나보다 서열은 높으시지만, 같은 임원에게 몸소 '한 수 가르쳐주시겠다'니. 그 살뜰한 친절함에 실로 몸 둘 바를 모르겠다.

예의가 없다. 싸가지가 없다. 위아래를 모른다. 쌈닭이다. 독종이다. 왜 항상 저렇게 화가 나 있는지 모르겠다. 불만이 뭐 그리 많으냐. 그냥 좀 넘어가면 안 되냐. 도대체 왜 그렇게까지 일을 하는가. 맞벌이 아니냐. 남편 두고 뭐 하는 건가. 집안이 망하기라도 했나. 혹시 이혼당했냐.

그동안 내가 일을 하며 들은 말들은 차마 입에 담기 어려운 욕설을 제외하고도 이 정도다. 등 뒤에서 오간 이야기까지 합치면 족히 만 번은 들었을 테니, 이쯤 되면 욕을 먹어 무병장수할 운명인가 보다.

우리의 찬란한 완주를 위하여

물론 그 임원은 나의 말과 행동이 마음에 안 들었을 수도 있다. 하지만 내가 남자였대도, 과연 '예의가 없으니 한 수 가르치겠다'는 표현을 썼을까? 우리 사회는 유독 여자에게 '예의'라는 잣대를 엄격하게 들이댄다. 자신들끼리는 아무렇지 않은 일도, 왜 여자에게만 그토록 예의를 차리라고 강요하는가. 그리고 왜 여자만 보면 그토록 가르치지 못해 안달이란 말인가.

다른 비난도 마찬가지다. 내가 남자였다면 '쌈닭'이나 '독종' 소리를 들었을까? '아내가 잘 버는데 왜 저리 아등바등 돈을 버느냐'는 말을 들었을까? 왜 여자들이 숨만 쉬어도 불편해하는 이들이 이리도 많은지. 결국 '예의가 없다'는 말은, '여자인 너는 내 심기를 거스르지 말고 고분고분하게 입 다물고 있으라'는 말이었다.

그나마 한 줄기 희망은 요즘 초등학생들은 학교에서 양성평등 교육을 받는다는 점이다. 내 딸이 배워온 성교육에서는 남녀가 함께 콘돔을 구매하는 것이 바람직하다고 가르친다. 커튼을 치고 여학생들만 모여 생리대 사용법만 배우던 내 학창 시절과 비교하면 천지개벽이다. 하지만 문제는, 바로 그

'커튼 치고 성교육 받던 시절'의 사고방식을 고스란히 간직한 남자들이 지금 내 옆방에 임원으로 앉아 있다는 사실이다. 품질 좋은 콘돔을 함께 구매하는 것이 상식이 된 세상인데, 아직도 '생리는 숨겨야 하는 일'이라고 생각하는 남자들이 회사를 운영하고 있다.

예의가 없어서 죄송합니다만……

사실 나는 단지 불합리하다고 생각하는 모든 업무 지시와 논의에 내 의견을 개진했을 뿐이다. 그들이 "남자는 무거운 걸 들고, 여성은 커피를 내와야죠."라고 할 때, 나는 그저 "벽돌 나르는 것도 아닌데 짐도 같이 드는 게 맞고, 회사에 접대받으러 오신 것도 아니니 커피도 같이 타시죠."라고 답할 뿐이다.

　기계적으로 남녀평등을 주장한 것도 아니고, 여성 인권이라는 말 뒤에 숨어 혜택만 누리겠다는 것도 아니다. 그리고 만약 내 의견이 틀렸다면, 그 자리에서 논리적으로 반박하면 될 일이다. 뒤에서 수군거리다 한밤중에 '무례함'을 꾸짖는 전체메일을 발송하는 것은, 솔직히 좀…… 좀스럽지 않은가. 그것도 다른 사람들을 모두 참조로 설정해서.

이런 일이 거듭되며, 나는 언제나 남자들 사이에서 '예의 없고 싸가지 없는' 여자가 되어 있었다. 책상을 내리치며 "내 방에서 당장 나가!"라고 고함을 치는 분도 있었고, '사람 한번 만들어보겠다'며 벼르는 분들도 있었다. 그럴 때마다 나는 스스로를 돌아보고, 혹시 내 방식에 문제는 없었는지 곱씹었다. 내 의도가 어떠했든, 상대방이 상처를 받고 직장생활에 어려움을 느낀다면 그 또한 내 불찰이라 여겼다. 그렇게 반성하고 또 노력했지만, '싸가지 없다'는 평가는 그림자처럼 나를 따라다녔다.

그렇게 평사원으로 시작해서 임원을 거쳐 지금은 한 회사의 대표로 일하고 있다. 돌이켜보면, '미친 여자', '남편 망했냐'는 비난과 '예의 없다'는 낙인들이 오히려 나를 성장시킨 배경이었다. 성과만능주의에 빠져 영업부장에서 경력이 끝났을지도 모를 나를, 끊임없이 성찰하게 만들었으니 말이다. 지금의 나는 여전히 부족한 대표지만, 일에 대한 확신만큼은 충만하다. 단, 그들이 바라는 예의만큼은 아직도 탑재하지 못했지만.

그래, 예의 없어서 미안하다. 하지만 앞으로도 나는 그 '예의'를 갖출 생각이 없다. 애초에 자신들에게도 없는 '예의'를 왜 나에게 와서 찾는지 도무지 알 수가 없다. 상대방이 먼저 내게 예의를 갖춘다면, 나 또한 기꺼이 그에 상응하는 존중을 보여줄 것이다. 모든 관계는 '기브 앤드 테이크'가 기본 아닌가. 아무리 나를 비난하고 손가락질해도, 나는 계속해서 '싸가지 없고 고분고분하지 않은 여자'로 살아갈 것이다. 그것이 나뿐만 아니라, 내 딸을 포함한 이 사회의 모든 여자가 '착한 여자'가 아닌 '유능한 전문가'로 인정받는 길이라고 믿기 때문이다.

이 자리를 빌려, 다시 한 번 진심으로 사과 말씀 드린다.

"예의가 없어서 (안) 죄송합니다."

은밀하고 위대한,

오피스 빌런 제거법

"이전무가 남자였으면 진작에 뒷골목에 불려가서 한 대 맞았지."

회의가 끝난 후, 면전에서 남성 임원에게 이런 이야기를 들었다. 붉으락푸르락해진 얼굴이지만 애써 평정심을 가장하며 농담인 척 '나는 너를 몹시 때리고 싶은데, 지금 내가 널 안 때리는 걸 고맙게 여기라'는 협박성 메시지를 던진 것이다.

지금은 이렇게 노골적인 언어폭력이 줄었지만, 예전에는 여자 동료를 우습게 여기며 이런 소리를 하는 일이 다반사였다. 허세가 정신을 지배하는 남자 중학생도 아니고 반백 살이나 된 임원이 저런 발언을 하는 걸 보면 이쪽도 심란하다. 정녕 남자 직장인들의 세계는 회의가 마음에 안 들면 뒷골목에 불려가서 한 대 맞는 누아르 같은 세계인 건가? 머릿속이 이렇게 석기시대인데, 앞에서는 혁신이니 글로벌 비전이니를 운운한 건가? 어떻게 이런 사고방식을 지닌 사람과 함께 일하면서 미래지향적인 과업을 완수할 수 있단 말인가? 등등 온갖 상념이 들게 마련이다.

한편으로는 대체 뭐라고 대답해야 하는지도 고민스럽다. "여자라서 행복해요."라며 그 옛날 광고 속 심은하 같은 자애로운 미소를 지을 수도 없는 일이고. 그렇다고 "뭐라고요?"라고 화를 내거나 표정이 굳어지면 상대의 의도대로 말려드는 셈이다. 상대방은 자신의 유효타가 한방 먹였다는 생각에 만족하며 자신은 그저 "농담"을 했을 뿐인데, 오히려 내 쪽이 신경과민이라고 몰아붙일 것이다. "역시 여자는 예민해." 따위의 말이나 하면서. 절대 상대방이 행복회로를 돌릴 여지를 줘서는 안 된다.

나는 이런 무례한 말을 들었을 때는 그저 눈썹을 살짝 치키고 가만히 상대를 바라본다. '아, 네, 그러십니까?'라는 정도의 무심한 반응이다. 상대방은 내게서 자신이 원하는 반응이 나오지 않으면 "흠흠" 하면서 뒤로 물러난다. 그 발화의 목적은 나의 평정심을 무너뜨리는 데 있기 때문이다. 여기서 일단 상황은 일단락되지만, 나는 끝까지 그가 사라지는 모습을 집요하게 바라본다. 그리고 속으로 다음과 같은 대사를 중얼거린다.

"너는 나 때문에 사라지게 될 거야. 하지만 그게 나 때문인지 너는 절대 알 수 없겠지."

뒷골목이 등장하는 그 누아르의 주인공, 내가 해준다. 이는 나 스스로를 다잡는 주문이기도 하다. 당장 저 무례한 인간의 멱살을 잡고 소리를 지르고 싶지만, 지금의 작은 승리보다 장기적으로 완전히 제거하는 편이 진정한 승리라는 걸 알기 때문이다.

오피스 빌런은 누구인가?

우리는 대부분 그저 평범한 직장인이다. 하지만 우리가 회사에 다니고, 일을 통해 성취를 얻는 평범하고 소중한 삶을 영위하기 위해서는 반드시 제거해야 하는 존재가 있다. 바로 **오피스 빌런**이다. 물론 나와 대척점에 섰다는 이유만으로 모두 빌런이라고 할 수는 없다. 하지만 상대가 사내괴롭힘을 일삼거나 내 앞길을 가로막을 때, 공공의 이익을 저해할 때, 그리고 더는 평화적 해결이 불가능할 때는 적극적으로 '제거'를 고려해봐야 한다.

앞서 예를 든 "이전무가 남자였으면 진작에 뒷골목에 불려가서 한 대 맞았지." 운운의 말을 농담이랍시고 하는 경우는 평화적 해결이 불가능한 경우다. 여자든 남자든 동료에게 그런 발언을 하면 안 된다는 최소한의 자기성찰도 못 하는 존재이기 때문이다. 이런 사람은 자기반성이란 걸 할 줄 모르기에 늘 일을 크게 만든다. 그래서 처음엔 피해자가 한 명뿐이지만, 시간이 지나면 피해자가 늘어나며 조직 전체에 악영향을 미치고 공공의 이익을 저해하게 된다.

이 난관을 타개할 힌트는 그가 말한 '남자였다면'에 있다. 30여 년간 남자들과 함께 일하며 관찰해본 결과 그들에겐 뼛속 깊이 새겨진 위계와 서열이 있다. 그래서 아무리 악독한 존재가 내 앞을 가로막고 있어도 그게 선배라면 함부로 밟고 올라서지 못한다. DNA에 새겨진 무리에 대한 복종심이 허락하지 않는 것이다.

하지만 오히려 여자들은 그런 게 없다. 남자들의 입장에서 여자 동료들은 오래된 질서에 갑자기 떨어진 외계인 같은 존재다. 그러다 보니 남자들보다 여자들이 상사를 밟고 올라가거나 우회해버리며 성장하는 상황이 의외로 많다. 이쯤 되니 진짜 "여자라서 행복해요."라는 대사를 외쳐야 하는 건가 싶다.

자, 그럼 빌런을 제거하기로 결심했다면 본격적인 방법을 생각해야 한다. 여기서 중요한 것은 상대를 나락으로 밀어 넣으려는 사람은 자신도 나락에 빠질 수 있다는 사실을 염두에 두어야 한다는 점이다. 따라서 이 프로젝트의 포인트는 '은밀하고 위대하게'다. 상대가 나락으로 치달으면서도 그 나락까지 인도한 것이 나라는 사실을 알 수 없도록 주도면밀해야 한다. 진정한 고수는 지는 듯이 이기는 법이다.

은밀하고 위대한 오피스 빌런 암살법

1. 언제나 관중을 의식하라

우리는 늘 내가 옳기 때문에 내 주장이 정당하다고 생각하는 경향이 있다. 하지만 실전 싸움에서는 누가 옳은지는 중요하지 않다. 사람들은 대체로 남의 말에 관심이 없기 때문이다. 언제나 싸움의 승패는 당사자들이 결정하는 것이 아님을 명심해야 한다. 그렇다면 누가 승패를 결정할까? 관중이 결정한다. 토론의 승패는 토론 당사자가 아니라 시청자가 결정하는 것처럼 말이다. 어디선가 누군가는 당신을 지켜보고 있음을 명심하자.

『조선왕조실록』을 생각해보자. 조선왕조에는 언제나 모든 것을 지켜보고 기록하는 사관이 있었다. 그 시절, 싸움의 승패를 가르는 것은 명분이었다. 그렇다고 무작정 내가 옳다고 들이대면 옳은 말이 다 끝나기도 전에 참수될 것이다. 명분을 잡았으면 여론을 의식하며 많은 이들을 내 편으로 만들어야 한다. 지금이 조선시대라고 생각해보자. 옳은 말을 주장하다가 참수될 것인가, 명분을 빌미로 내 편을 가능한 한 많이 만들 것인가. 사이다는 순간의 시원함일 뿐이다. 우리는 당장의 사이다보다 역사에 길이 남을 선택을 해야 한다.

2. 밝은 곳에서는 밝게, 어두운 곳에서는 어둡게

소모적이고 힘들 수 있지만, 내가 지켜야 하는 조직이 있다면 불가피한 선택이다. 빌런을 제거하기로 결심했다면 일단 밝은 곳에서는 밝게 대한다. 공개적으로 빌런과 친하게 지내는 것이다. 마주치면 햇살 같은 미소를 지으며 인사하자. 웃으면서 차를 마시고, 온라인 대화창에서는 더 밝게 인사해야 한다. 상대방이 면전에서 싫은 소리를 해도 겸허하게 수그리자. "네, 그렇죠. 제가 부족해서 그런가 보네요."라며 모두의 앞에서 허리를 숙이는 모습을 보이자. 그럼 상대방은 더욱 기고만장해질 것이다. 본인이 나를 '제압했다'고 인식할 것이다. 그때부터 그의 허점이 드러난다.

3. 대의명분을 잊지 말라

가장 확실한 방법은 상대방의 실수를 저장하는 것이다. 실수에는 크게 업무 실수와 말실수가 있다. 마초 성향일수록 말

실수를 많이 한다. 공개적인 자리에서 그가 실수를 저지를 만한 분위기를 끌어낸다. 업무 실수의 경우에는 차근히 증거를 모은 다음 그중에 가장 객관적인 예를 골라야 한다. 누가 들어도 문제라고 생각할 수 있는 실질적인 예를 정리해, 조직에서 이 사람에게 영향을 미칠 수 있는 사람을 찾아 전달해야 한다.

이때 중요한 점은 절대 '그 사람이 싫어서' 이러는 게 아니라는 태도를 유지하는 것이다. 이 모든 행위의 명분은 '회사의 발전을 위해서'여야 한다. 이 사람이 싫다거나 기분이 나쁘다거나 등등의 개인적인 감정이 개입되면, 그의 악행이 사실이더라도 명분을 잃게 된다. 개인적인 감정은 절대로 드러내지 말고, 회사의 대의에만 초점을 맞춰 의견을 전해야 한다.

4. 정 안 되면 한 대 맞아주는 것도 방법이다

가장 확실하게 빨리 끝내는 방법은 차라리 한 대 맞아주는 것이다. 모두가 보는 앞에서 빌런의 악행이 명명백백하게 드러나는 상황을 만든다. 그리고 그 상황을 피하지 말고, 빌런의 행동과 태도를 모두가 볼 수 있게 만드는 것이다. 업무의 경우에는 이 업무가 저 사람 때문에 망했다는 사실을 만천하가 알게 해야 한다. 그다음으로는 여기저기 화를 내거나 하소연하지 말고, 전략적으로 가련한 피해자가 되어 있는 것이 중요하다. 그러면 여론은 자연스럽게 '이 조직의 문제는 저 인간'이라는 결론을 내릴 것이다.

5. 기회는 두 번이다

1년을 두고 봤을 때 확실하게 빌런을 제거할 수 있는 기회는 두 번이다. 인사철(12월)과 여름휴가 전(하반기 사업 계획 시기)이다. 이때가 빌런을 제거할 최고의 타이밍이다. 프로젝트가 한창일 때는 아무리 빌런이어도 쉽게 손을 댈 수 없다. 당장의 감정적 대응을 자제하고, 신중하게 시기를 기다려야 한다.

　마지막 팁으로, 빌런 제거를 결심했으면 절대 동료들 앞에서 발설하지 말아야 한다. 물론 뜻이 맞는 동료들에게 털어놓고 협조를 구하는 것도 전술의 하나일 수 있다. 하지만 오랜 직장생활의 결론으로 이야기하자면, 결국 동료는 뒤통수를 치는 경우가 많다. 회사에서 만난 인연은 철저히 이해득

실에 따라 움직이기 때문이다. 동료에게 상사의 뒷담화를 하지 않는 것도 마찬가지 이유에서다.

사실 '회사를 다니면서 이렇게까지 해야 하나?'라는 회의감이 들 것이다. 선택의 문제다. 오피스 빌런을 대하는 선택지는 세 가지다. (1)가만히 당하고 있는다, (2)고고하게 사표를 던진다, (3)내가 살기 위해 상대를 제거한다. 가만히 당하고 있으면 가마니인 줄 안다. 빌런은 내가 울면서 그만두길 바라는데 그의 뜻대로 사표를 써 그를 행복하게 만들어준다니, 용납할 수 없는 일이다. 내가 어떻게 여기까지 왔는데, 저런 존재 때문에 그만둬야 한단 말인가. 그래서 내가 선택한 방법은 늘 3번이었다. **공격에 대한 최고의 방어는 공격**이다.

여자가 직장생활을 하다 보면 온갖 치사하고 더러운 꼴을 다 보는 것이 현실이다. 하지만 그렇다고 어디에 울면서 하소연을 하겠는가? 여기는 담임선생님이 있는 중학교가 아니다. 회사에서 동료나 상사에게 오피스 빌런에 대한 하소연을 늘어놓는다면 '나는 상황 대처 능력이 없습니다.'라고 이야기하는 것과 마찬가지다.

더럽고 치사해도, 나는 일을 하기를 선택했다. 그러기 위해

나를 지켜야 하고, 나와 함께하는 내 팀을 지켜야 한다. 그렇다면 '나를 잘되게 할 수는 없지만, 나를 잘못되게 할 수 있는 사람들'에 대한 적극적인 관리가 필요하다. 은밀하고, 위대하게 말이다.

오늘도 나는 한 오피스 빌런을 예의 주시하고 있다.

"너는 나 때문에 사라지게 될 거야. 하지만 그게 나 때문인지 너는 절대 알 수 없겠지."

웃어라, 온 세상이 너와 함께 웃을 것이다

울어라, 너 혼자 울게 될 것이다

회사의 하루는 매일이 전투나 마찬가지다. 그리고 나는 언제나 최전선에 서 있었다. 영업 일선에서 누구보다 앞서 성과를 냈고, 어떤 거래든 자신 있었다. 그러다 보니 사내에서 의견 충돌이 발생하면 늘 저돌적이었다. 전투에서라면 단기필마單騎匹馬로 달려 나가 적장과 일대일로 겨뤄서 싸우는 식이었다. 하지만 팀장이 되고 함께하는 팀원이 많아지면서, 이런 전투 방식에는 자연스럽게 제동이 걸렸다.

한번은 회사에서 인센티브 제도를 변경하겠다는 통보를 받았다. 절차도, 명분도 없는 부당한 결정이었다. 나는 곧바로 직속 상사를 거치지 않고 대표에게 의견을 전달했고, 다음 날 부사장과 면담을 가졌다. 물론, 나는 내 태도를 굽히지 않았다. 그럴 이유도 없었다. 내가 옳았으니까.

그러나 회사는 수직적 조직이다. 아무리 내가 잘못한 일이 없어도 상사와 척지면 그 피해는 고스란히 내 팀원들이 보게 된다. 예를 들면, 우리 팀원이 예비군훈련을 가야 한다며 휴가를 신청하면, 당시 나와 사이가 좋지 않았던 본부장이 반려하는 식이다. '오탈자'가 이유였다. 일곱 번까지 반려를 당한 적도 있다.

그런 일을 겪으며 나는 전략적으로 싸우는 법을 익혔다. 순간의 전투라면 여전히 이길 자신이 있다. 하지만 회사생활은 하루이틀의 전투가 아니다. 백년전쟁이다. 그러니 팀원도 살고 나도 살기 위해서는 전력 손실 없이 승리하는 법을 찾아야 했다.

싸우지 않고 이기는 법?

전쟁에서 이기는 방법에 대해서는 기원전 6세기경 손자라는 분이 이미 문서로 정리해놓으셨다. 그는 "백번 싸워 백번 이기는 것이 최선이 아니요, 싸우지 않고 이기는 것이 최선"이라고 말한다. 부전이승 不戰而勝의 병법이다.

회사생활을 하다 보면 의견 충돌은 필연적이다. 모두가 자신이 옳다고 주장하기 때문이다. 나 또한 내가 옳음을 티끌만큼도 의심하지 않는다. 하지만 여기서 옳고 그름은 중요하지 않다. 회사는 재무, 인사, 생산에서 영업, 마케팅까지 전 부서가 움직여야 겨우 한 발 앞으로 나아가는 거대 유기체다. 그러니 '내 옳음'보다 중요한 건 협상이다.

한번은 법무팀과 내가 이끌던 기획팀의 충돌이 있었다. 개인정보보호법이 강화되면서 환자에 대한 정보 활용이 까다로워졌다. 의료정보를 다루는 기업 입장에서는 환자 치료에 대한 정보가 가장 중요한 홍보 수단이다. 그 때문에 기획팀 입장에서는 업무상 날벼락이나 마찬가지였다. 법무팀은 가능한 한 빨리 데이터 폐기 및 비식별화 작업을 하라고 요구했다. 하지만 기획팀에게 그 작업은 몇 달이 걸릴 대형 프로젝트였다. 결국 회의에서 상황은 극단으로 치달았다.

일정을 논의하다가 서로의 의견이 맞지 않자, 결국 법무팀은 '진작에 전달했는데 왜 아직까지 정보 관리를 소홀히 하고 있느냐'며 몰아세웠고, 기획팀에서는 '우리는 들은 바 없다. 지금까지의 기준대로 했을 뿐인데 뭐가 문제냐'며 서로 감정이 격해진 것이다. 이걸 읽으면서 다들 데자뷔를 느낄 것이다. 그렇다. 어느 직장에서나 일어날 수 있는 커뮤니케이션 엇박자의 현장이다. 여기서 '전달을 했니, 안 했니'로 시시비비를 가리다 보면 감정싸움만 깊어진다. 이때는 정면승부보다는 힘을 빼고 대응하는 편이 낫다.

1단계. 듣기

먼저, 상대방의 말을 듣는다. 상대방은 물론 자신이 잘못한 것이 없다고 주장할 것이다. 이쪽이라고 잘못한 게 있겠는가. 원래 인간의 기억은 한계가 있고, 누구나 자기중심적으로 기억을 왜곡하기 마련이다. 하지만 여기서 중요한 건 '옳고 그름'이 아니다. 상대방의 감정을 읽는 일이 먼저다. 대부분의 직장인은 굳이 싸우고 싶어 하지 않는다. 상대방도 이 상황이 두려울 것이다. 그래서 보통은 "우리가 얼마나 힘든지 아냐"며 푸념을 늘어놓기 시작한다. 이건 신세 한탄이라기보다 '우리가 이렇게 힘드니 좀 이해해달라'는 신호다. 이런 경우에는 이쪽도 굳이 싸울 필요가 없다.

2단계. 공감 표현하기

그렇다면 다음 단계로, 이쪽도 싸울 의사가 없음을 표현한다. "와, 법무팀 일이 많네요. 제가 먼저 좀 알아보고 준비했어야 했는데요."라며 상대의 입장을 이해해주는 멘트로 운을 떼도록 하자. 그러면 상대방의 팽팽하던 기세가 누그러드는 것이 느껴질 것이다. 그다음에 "정말 죄송하지만 전에 말씀하신 것도 기억이 안 나고, 혹시나 해서 회의록을 다 찾아봐도 기록된 것이 없기는 해요. 아마 제가 놓친 것 같네요."라고 말하며 '전달을 했다는 네 주장이 맞을 수도 있지만, 아무튼 내 기억에는 없다'는 사실을 명시한다. 이 한마디로 상대방의 주장을 인정하면서도 내 입장을 명확히 하는 셈이다.

3단계. 해결책 제시하기

마지막으로 "그럼 앞으로는 어떻게 해야 할까요? 앞으로가 중요하잖아요."라며 실무적인 논의로 전환한다. 나도 너랑 싸울 의사가 없으니, 앞으로 어떻게 하면 좋을지를 조율해보자는 대국적 표현 방법이다. 그러면 그때부터는 상대의 의견을 반영하여 "그럼 이렇게, 언제까지, 이걸 하면 되는 거죠?"라고 합의를 이끌어내면 된다.

여기서 중요한 것은 **기록**이다. 기록하는 자가 승리한다. 회의 중에는 상대가 보는 앞에서 기록한다. 그리고 반드시 문서화해 관련된 사람들을 참조에 넣어 메일을 보낸다. 가능하면 그룹웨어에 프로젝트를 생성해 관리하고, 주간 보고에 포함해 공론화한다. 이 프로젝트를 양지로 끌어올려서 남들 눈에도 보이도록 하는 것이 중요하다. 이렇게 하면 누구도 말을 바꿀 수 없다.

지금까지 예로 든 것은 흔히 있는 업무상 전달의 혼선 문제였지만, 설사 상대방이 용서할 수 없는 적이라고 해도 방법은 마찬가지다. 나를 적대시하는 사람을 가까이 두고, 웃고,

이야기하고, 관계를 맺을 수 있어야 한다. 그런 방법으로 그가 내게 품은 우려가 무엇인지 먼저 듣는다. 그리고 서로 무엇을 도울 수 있는지 공유한다. 마지막으로 그를 내 업무 영역 안으로 끌어들인다. 그러면 결국 어떤 적이라도 운명 공동체가 된다. '너와 나의 업무가 연계되어 있다'고 느끼는 순간, 그는 나를 공격하는 것이 곧 자기 발등을 찍는 일이라는 걸 알게 되기 때문이다. 열에 아홉은 이 방법대로 예측 범주 안에서 해결할 수 있다. 싸우지 않고 이기고 싶으면, 먼저 한 발 가까이 다가가서 상대방의 말을 들을 수 있어야 한다.

이기기 위한 감정관리법

위에서 말한 방법은 참 쉬워 보이지만 대부분은 1단계 '듣기'에서 실패한다. 이미 감정이 상할 대로 상해 있다 보니 머릿속으로는 들어줘야지 생각하면서도, 자기도 모르게 몸짓언어가 나와버리는 것이다. 누군가는 계속 한숨을 쉬고, 누군가는 머리를 돌돌 말고, 누군가는 볼펜을 까딱거린다. 이렇게 적대적인 감정을 밖으로 드러내면 '싸우자'는 것밖에 안 된다.

한숨이 나오면 감기 걸린 척 마스크를 쓰고, 나도 모르게 머리를 말 것 같으면 차라리 묶고, 볼펜을 까딱거릴 것 같으면 노트북을 들고 들어가라. 진정한 프로 직장인은 입꼬리에 보톡스를 맞더라도 웃는 얼굴이어야 한다. 이런 상황일 때 내가 인용하길 좋아하는 문장이 있다.

> 웃어라, 온 세상이 너와 함께 웃을 것이다.
> 울어라, 너 혼자 울게 될 것이다.
> (Laugh, and the world laughs with you;
>   Weep, and you weep alone.)

이 구절이 유명해진 것은 영화 <올드보이> 때문이지만, 원래 미국 시인 엘라 휠러 윌콕스(1850~1919)의 시에 등장하는 구절이다. 그녀는 어느 날 파티에 참석하기 위해 기차에 올랐다. 그 기차에서 검은 옷을 입고 구석에서 울고 있는 젊은 여인을 보았다. 시인은 같은 또래의 여인을 그냥 지나칠 수 없어서 옆에 앉아 위로를 건넸다. 그렇게 슬픈 마음으로 파티장으로 향했지만, 흥겨운 음악과 화려한 조명이 있는 그곳에서 그녀는 깨달았다. 방금 전까지 자신을 휘감고 있던 슬픔은 간데없이 사라졌다는 걸. 물론 검은 옷의 여인은 지금 이 순간에도 홀로 울고 있겠지만 말이다. 그때 윌콕스는 이 시상을 떠올렸다. 시의 제목은 '고독Solitude'이다.

> 웃어라, 온 세상이 너와 함께 웃을 것이다.
> 울어라, 너 혼자 울게 될 것이다.
> 슬프고 오래된 이 세상은 즐거움을 빌려야 할 뿐
> 고통은 자신의 것만으로도 충분하다.
> (후략)

　삶의 본질은 이토록 고독하다. 결국 이 시의 마지막 구절처럼 "우리는 각자가 홀로 되어 좁은 고통의 통로를 지나야" 하기 때문이다. 냉정하게 들릴 수도 있지만 이것이 인생이다.
　직장에서도, 인생에서도, 속상하고 아픈 순간은 필연적으로 찾아온다. 어쩔 수 없다. 하지만 그 감정을 이겨내지 못하고 모두에게 터트리거나, 내가 옳고 나만 억울하다고 외친다면, 더 고독한 나락으로 빠져들 뿐이다. 이 시에서처럼 사람들은 본능적으로 웃음과 함께하길 원하고 타인의 슬픔은 외면하려 한다.

그러므로 우리는 더욱더 웃어야 한다. 지금 짓는 웃음은 단순히 친절이나 복종을 의미하는 것이 아니다. 내 감정의 주도권을 상대에게 넘기지 않겠다는 비언어적 선언이다. 그리고 상대방의 공격적인 에너지를 흡수하거나 반사하는 무기이다. 힘든 순간에 짓는 웃음은 지금의 문제 상황을 감정 대립이 아니라 문제 해결의 국면으로 전환하도록 돕는다. 결국 직장도 인생도 기나긴 전쟁이고, 우리는 결국 승리하길 원하지 않는가.

그러니, 웃어라. 온 세상이 너와 함께 웃을 것이다.

성희롱을

당했다

어느 날, 대표님이 나를 조용히 호출했다. 새로 입사한 타 부서 임원이 온라인상에서 복수의 여성 직원을 상대로 성희롱을 저질렀다는 내부 고발 건 때문이었다. 보고 회의 준비를 마치고 대표실 문을 여니, 내부 감사 담당 임원이 함께 앉아 있었다. 묘한 침묵이 흘렀다. 그들이 나를 바라보는 시선이 어색했다.

"회의 전에 이상무님께 먼저 말씀드릴 것이 있습니다. 이번 성희롱 사건의 대표적인 피해자 중 한 분이 바로 이상무님이십니다."

우리의 찬란한 완주를 위하여

순간, 잘못 들었나 싶었다. 내가? 이 바닥에서 구를 만큼 구른, 소위 '임원' 딱지를 단 나를 대상으로 누가, 무엇을 했다고? 당황해서 아무 말도 못 하고 있는데 다음 문장이 훅 들어왔다.

"그래서 내가 평소에 이상무 옷차림 좀 얌전하게 하라고 하지 않았습니까."

아, 이것이 말로만 듣던 '2차 가해'구나. 드라마 속 구태의연한 한 장면이 21세기 대한민국 판교 한복판에서, 그것도 바이오테크 회사 대표의 입을 통해 생생하게 재현되는 순간이었다. 평소에 나를 존중해주고 임원으로서 아껴준 분이 하신 이야기라 더 당황스러웠다. 나뿐만 아니라 다른 여자들도 1차 가해 이후 이런 식으로 2차 가해를 당하겠지. 한마디로 대한민국에서 굉장히 보편적인 일에 말려든 것이다, 성희롱이라는.

사건의 전말은 이랬다. 새로 입사한 남성 임원이 자신의 부서, 특히 근속 연수가 높은 직원들을 휘어잡기 위해 우리 본부에 대한 비하를 일삼았다고 한다. 만만한 우리 부서를 깎아내림으로써 외부의 적을 만들어 내부를 단결시키는 전법이었나 보다. 그리고 그 과정에서 나를 공격 대상으로 삼아 근거 없는 성적인 비방을 온라인 대화방에 쏟아낸 것이다.

성희롱이란 늘 그렇듯, 정면으로 맞설 용기는 없으니 가장 비겁하고 치졸한 방식으로 '성性'이라는 무기를 휘두르는 짓이다. 그는 자기 말이 먹히지 않는 직원들의 마음을 사고자 나를 공격하기로 마음먹었고, 그 손쉬운 공격 도구가 '성'이었다. 어쩜 인간이 그렇게 못났을까.

하지만 그딴 못난 인간에게 휘둘린 나는 무엇이란 말인가? 자괴감이 밀려왔다. 나는 여고와 여대를 졸업하고, 대학 시절 여성학 공부도 할 만큼 했다. 여성으로서 겪는 불합리한 현실과 문제 상황에 대한 대처법에 지식이 있다고 자부했다. 그래서 그때까지 오만했다. 나는 설령 '그런 일'을 겪어도 다른 피해자와 다를 거라고 생각했다.

하지만 그런 나조차도 막상 이런 일을 당하니 '내가 뭘 잘못했나? 옷차림이 문제였나? 평소 언행에 실수가 있었나?' 하는 자기검열의 늪에 빠져들고 있었다. 물론 내 잘못이 아닌 건 알았다. 하지만 막상 일을 겪자 머릿속 지식은 공염불이 되었다. 다음 날 출근길, 사람들이 나를 보며 수군거리는 건 아닐까 나도 모르게 온 신경이 곤두섰다.

이건 아니다 싶어 바로 정신건강의학과를 찾았다. 상담을 하고 약 처방을 받았는데, 전문의의 조언은 이랬다.

"불행한 문제가 생기면 뇌가 일부러 더 생각을 안 하려고 합니다. 그런데 그걸 그냥 두면 기억의 시냅스가 떨어져 나가 나중에 '외상후장애', 즉 트라우마가 남게 됩니다. 트라우마 여부는 보통 한 달 안에 결정됩니다. 그러니 지금 힘들어도 내 상황을 이해해줄 수 있고 절대적으로 내 편이 될 수 있는 사람들을 만나 최대한 이 이야기를 많이 하세요. 그래야 뇌가 이것을 상처로 남기지 않습니다."

이 일을 남에게 이야기할 생각은 한 번도 못 해본 시점이었다. 내 자존심에 이 흑역사를 대체 누구한테 이야기할 수 있단 말인가?

딸들의 세상을 위해

그해에 우리 딸이 대학에 갔고, 동네에서 친하게 지내던 아이들과 그 엄마들이 저녁에 주점에서 모여 식사를 하기로 했다. 정신과를 다녀온 날 저녁에 그 모임에 참석했다.

어릴 때부터 보던 아이들이 반갑게 포옹하며 나를 맞았다. 이제 막 대학에 입학한 스무 살 아이들이다. 밝은 얼굴과 맑은 미소, 미래에 대한 기대와 긴장으로 빛나는 눈동자. 다들 참 예뻤다. 쟤들을 데리고 맥도날드에 가던 때가 엊그제 같은데 이제 주점에서 같이 식사를 하며 막걸리 페어링을 하게 되다니. 감회가 새로웠다. 이제 막 장밋빛 미래를 꿈꾸는 스무 살 아이들 앞에서 나는 무슨 이야기를 해주어야 하는 걸까.

막걸리와 파전, 모둠 순대가 나왔고, 나는 내 상황을 이야기하기 시작했다. 직장에서 성희롱을 당했고, 해결하고자 한다고. 모두가 놀랐고, 침묵이 흘렀다. 그러다 엄마들이 분노하며 이야기하기 시작했다.

"언니, 무조건 싸워서 이겨야 해요. 그냥 넘어가면 안 돼요. 그냥 넘어가면 나 언니 얼굴 안 볼 거예요."

"맞아요. 그런 나쁜 놈들은 아주 버릇을 고쳐놔야 돼요. 안 그러면 우리 애들한테까지 영향을 미칠 거예요. 언니, 애들 위해서라도 확실히 벌줘야 해요."

아이들은 임원 자리까지 오른, 자기들이 보기에는 꽤 잘나가는 아줌마도 성희롱을 당한다는 사실이 믿기지 않는 듯했다. 그런 아이들을 보며 결심했다. '그래, 너희가 사는 세상은 더 나아야지.' 그렇게 그날의 술자리는 아이들의 입학 축하파티에서 20대에 접어든 딸들을 위한 '성희롱 감지 및 대처법' 공유와 교육의 장으로 바뀌었다. 미안한 마음에 술값도 내가 다 냈다.

그날의 경험이 많은 걸 바꾸었다. 아이들과 엄마들의 분노와 지지는 내게 엄청난 힘이 되었다. 나는 더 이상 혼자가 아니었다. 그리고 아이들을 위해 더 나은 세상을 만들어야겠다는 동기부여도 생겼다. 그 일을 처리하는 동안 나는 해외 출장도 예정대로 소화했고, 회사의 주요 의사결정도 거침없이 내렸다. 각종 전시회에 참석하며 업무를 처리하는 와중에도 세 차례의 인사위원회가 열렸고, 진행 상황은 꾸준히 공유되었다. 그리고 마침내, 가해자가 퇴사 처리되며 사건은 일단락되었다.

그 과정에서 나는 몇 차례 내 입장을 담은 글을 제출해야 했다. 내부 보관용도 있었고, 합의서 형식의 제출용 서류도 있었다. 가해자는 가해를 부인하는데, 피해자는 피해를 증명해야 한다. 여간한 정신력으로는 버티기 힘든 과정이었다. 어떤 이들은 회사를 상대로 거액의 합의금을 받아내라거나, 최소한 장기휴가라도 챙기라고 조언했다.

솔깃한 제안도 있었지만, 나의 선택은 달랐다. 대표이사를 비롯해 최대한 많은 이들을 만나 대화하고, 나의 공식적인 입장을 명확히 글로 남기는 것이었다. 그 글의 핵심은 이러했다.

> 저는 이번 사건을 개인의 일탈로 치부해서는 안 된다고 생각합니다. 감시받지 않는 권력은 부패하기 마련이며, 이 문제는 한 사람의 일탈이 아니라 회사 전체의 성 인지 감수성 부족으로 생겨난 문제입니다. 다수가 그의 일탈에 동조하거나 묵인했던 것이 바로 그 방증입니다. 그렇기 때문에 이 사건이 가해자 한 명을 처리하는 것으로 마무리된다면, 제2, 제3의 피해자가 반드시 나올 것입니다. 저는 하물며 임원으로서 조직 내에서 상대적으로 높은 위치에 있습니다. 그럼에도 불구하고 성희롱을 당했다는 것은, 이 조직 내의 어떤 여성 직원도 안전하지 못

하다는 의미이며, 능력 있는 여성 직원이 이 조직을 떠난다는 의미입니다. 이는 곧 회사의 손실로 이어질 것입니다. 단기적으로는 전 직원 대상 성 인지 감수성 교육을 즉시 시행하고, 중장기적으로는 관련 제도와 규정을 철저히 보완하여 재발 방지 시스템을 구축해야 합니다.

A4 열 장에 달하는, 재발 방지 대책과 구체적인 실행 계획, 그리고 제도 개선안까지 담은 내 문건을 받아본 변호사 친구는 "이거 거의 독립선언문인데?"라며 혀를 내둘렀다. 그리고 사건이 마무리되자마자, 회사에서는 대대적인 성 인지 감수성 함양 교육이 시작되었다. 물론 이해력이 특히 달리는 남자들의 "아니, 뭐 대놓고 칭찬도 못 한다는 거야? 예쁘다고 하는 게 왜 문제인데?"라는 불만과 "조직 내 긴장감이 너무 높아지는 것 아니냐.", "과하다."며 구시렁거리는 소리는 계속 들려왔다. 속에서 부아가 치밀었다. 겨우 이 정도가 과한 일이란 말인가? 이쪽은 성희롱을 당하고 정신과에 다니는데, 저쪽은 다 떠먹여주는 교육 하나 제대로 못 받고 불만만 늘어놓다니. 저런 존재들하고 한 하늘을 지고 살아야 하나 싶

어서 암담하기만 했다.

변화는 느리지만 분명히 온다

내가 다니던 정신건강의학과는 테헤란로의 오래된 병원이었다. 나보다 대여섯 살 위로 보이는 원장님이 하루는 이런 말씀을 하셨다.

"요즘 저도 반성 많이 합니다. 제가 의대 다닐 때는 성 인지 감수성이라는 개념 자체가 없어서, 여학생들에게 얼마나 함부로 대했는지 몰라요. 지금 생각하면 정말 큰일 날 언행들이었죠. 그래서 평생을 반성하는 마음으로 살고 있습니다."

그리고 덧붙이셨다.

"이번 일을 겪으면서 '나 같은 경험을 후배들이나 딸 세대는 겪지 않게 하겠다'고 다짐하시겠지만, 아무리 노력해도 세상은 생각만큼 크게 나아지지 않을 수도 있어요. 그렇지만, 그게 환자분 잘못은 절대 아닙니다. 절대로 스스로에게 책임을 돌리지 마세요."

그 순간, 논리정연하게 상황을 분석하고 대처하려 했던 내 모든 이성의 벽이 무너져 내렸다. 선생님 앞에서 얼마나 울었던지. '세상을 더 나은 곳으로 만들어야겠다.'는 다짐은 내가 무너지지 않기 위한 일종의 방어기제였다. 베테랑 선생님은 그것까지 꿰뚫어 보셨던 것이다. 그다음부터는 좀 더 어깨 힘을 빼고 상황에 대처할 수 있었다. 나의 목소리는 좀 더 낮아지고, 발언은 더 차분해졌다. 다시 성 인지 감수성 함양 교육에 대한 필요성을 강조했다. 지금 이 회사는 거의 불모지나 같으니 다소 과해 보이는 교육과 제도적 장치가 균형을 잡는 방법이라며 사람들을 설득했다. 이 문제에 있어서 피해자인 나의 목소리야말로 가장 설득력 있는 목소리였다.

그렇게 변화는 천천히, 그러나 확실히 일어났다. 당시 내가 몸담았던 회사에 여성 임원은 나 한 명뿐이었다. 지금은 절반 이상이 여성 임원이다. 작은 기업의 특성상 업무 영역이 하나 늘어날 때마다 임원을 영입해야 하는 경우가 있는데, 면접 보러 온 여성 후보자들이 "작은 기업인데 여성 임원이 있네요."라며 입사를 결정했다. 입사 후에는 잘 갖춰진 여성 인권 보호제도와 조직의 높은 인식 수준에 만족하며 회사생활을 이어가고 있다. 이보다 더 확실한 보상이 어디 있겠는가.

딸 친구와 엄마들은 지금도 자주 만나는 술친구들이다. 사건이 어느 정도 해결되었을 무렵에는 아이들이 대학교 고학년이 되었다. 아이들에게 사건 진행 상황을 이야기해줄 때마다 "아줌마, 멋져요!"라는 말이 나왔다. 어떤 찬사보다 기뻤다. 이제 곧 사회생활을 시작할 아이들에게 세상은 아직 여자들에게 가혹하지만 얼마든지 바꿀 수 있다는, 살아 있는 교보재 역할을 한 것 같았다.

내 직장생활이, 나를 등 뒤에서 바라보는 딸과 그 친구들의 미래다. 누군가는 미련하다고 할지 모르지만, 다시 돌아가도 같은 선택을 할 것이다. 여전히 여성 임원 비율이 10%도 안 되는 이 나라에서, 다른 여성 임원들도 나와 같은 상황이었다면 비슷하게 행동했으리라 확신한다. 우리 세대의 경험이 다음 세대에게는 위로가, 또 용기가 되길 바란다. 그리고 언젠가 미래의 딸들은 우리가 겪은 일들을 역사책에서나 배우게 될 것이다. 먼 과거의 어처구니없었던 일로서. 그래서 오늘도 나는 불편한 진실을 말하고, 변화를 요구하고, 그 변화를 만들어간다.

김 대표는

왜 그럴까?

"우리 회사 대표님은요……" 하고 운을 떼면 대한민국 직장인들의 한숨 섞인 사연이 줄줄이 이어질 것이다. 만약 '대한민국 기이한 대표 콘테스트'가 열린다면, 온갖 기상천외한 제보가 쏟아지지 않을까? 나 또한 그동안 직장생활을 하며 수집한 CEO 괴담이 적지 않다.

A사의 대표는 매주 월요일 아침 7시, 모든 부서의 신입사원에게 지난주 업무에 대해 '5분 보고'를 받는다. 하지만 대부분 "다음!", "그만!"으로 1분 만에 끝내버린다. 신입사원들은 어린 양처럼 바들바들 떨면서 자신의 보고 순서를 기다린다.

B사는 사무실에서 슬리퍼나 소음 없는 신발만 신어야 한다. 이유는? 예민한 대표님의 심기를 건드려선 안 되기 때문이다. 주말에는 대표의 취미인 자전거 타기도 함께해야 한다. 면접을 볼 때 이미 "자전거 탈 줄 아나?"라는 질문에 "네!"라고 대답해버렸기에 꼼짝없이 나가야 한다.

C사의 대표 방 앞에 앉은 직원들은 아침 일찍 출근해 조간신문을 모두 읽어둬야 한다. 대표가 바람처럼 들어오며 밑도 끝도 없이 "그거 봤지?"라고 물으면 즉시 "네, 그에 대한 제 생각은……"이라고 답해야 하기 때문이다. 오후 3시쯤엔 대표의 "한잔하러 가지."라는 말에 끌려 나가 밤늦도록 '직원복지'라는 이름의 술자리를 함께해야 한다.

D사의 대표는 연구원들과 '실험 빨리 하기' 같은 내기를 한다. 물론 자신이 실무자보다 모든 일을 더 잘 알아야 한다는 생각에서 비롯된 행동이지만, 문제는 본인이 이겨야 직성이 풀린다는 점이다. 그렇다고 또 함부로 져드릴 수도 없다. 연구원이 지면 '실력이 의심된다'며 들들 볶아 퇴사까지 이르게 하기 때문이다.

가장 황당했던 건 F사의 이야기다. 팬데믹 시기, 정부가 재택근무를 권하던 때였다. 외국계 기업 출신 인사팀장이 국내 유명 핀테크 회사에 입사했다. 업무 특성상 재택이 가능하다고 판단해 대표에게 재택근무를 하겠다고 보고하고 승인도 받았다. 하지만 재택 첫날, 대표는 전화로 다짜고짜 욕을 하며 "진짜 안 나오면 어떡해? 재택 하면 일은 누가 하냐?"라며 폭언을 퍼부었다고 한다. 아니, 그럴 거면 왜 결재를 해준 걸까.

자수성가형 대표들의 빛과 그림자

앞서 언급한 F사의 대표는 나도 몇 번 신문에서 본 적이 있었다. 핀테크 업계에서 잘나가는 젊은 대표로 언론에서 여러 번 인터뷰를 했기 때문이다. 그전에 내가 만난 대표들은 주로 나이가 많은 남자였다. 그래서 일부 대표들의 기행도 나이의 문제라고 생각했다. 하지만 F사 대표의 일로 생각이 바뀌었다. 대표의 이상함은 나이가 많고 적고의 문제가 아니었다. 그렇다면 대표들은 대체 왜 저럴까? 오랜 시간 동안 분석

해본 결과, 대표들은 대체로 세 가지 유형으로 나뉜다.

  1. **자수성가형 대표:** 본인이 직접 투자하고, 본인이 성공을 이룬 후 회사를 운영하는 경우
  2. **상속형 대표:** 아버지가 일군 회사를 물려받아 운영하는 경우
  3. **월급쟁이 CEO:** 전문경영인, 일종의 '고연봉 비정규직 직원'

그리고 통계를 내보면 높은 확률로 자수성가형 대표들이 기이한 대표 콘테스트에 가장 이름을 많이 올릴 것이다. 나이 든 제조업체 대표든, 젊은 IT 기업 대표든 세대와 업종을 막론하고 이들의 특징은 놀라울 정도로 비슷했다.

일단은 귀가 얇다. 아침에는 고개를 끄덕이고 나가더니, 저녁에 자기 동창 모임에 다녀와서는 바로 입장을 바꾼다. 그리고 감정 기복이 심하다. 방금 전까지는 웃으며 좋아하더니, 또 한숨을 푹 쉬며 세상에서 가장 큰 짐을 진 사람처럼 우울해한다. 그러더니 갑자기 화를 내고 결재를 반려한다.

중소기업 대표들의 또 다른 특징은 '마이크로 매니징'이다. 탕비실 간식 하나부터 복사용지 사용 방법에 이르는 사소한 것까지 직접 관리하고 지시를 내려야 속이 시원하다. 이런 사람들이 남의 말은 듣겠는가? 당연히 안 듣는다. 보고서에 쓰인 내용도 끝까지 안 읽고 결정을 내린다. 그러고는 부하 직원들이 일을 못해서 자기가 다 해야 한다며 툴툴거리는 척 으쓱거린다. 하지만 보고서를 뒷장까지 읽어봤으면 똑같은 내용이 담긴 것을 알 수 있었을 것이다.

맨날 일은 자기가 다 한다는 말을 달고 사니까, 직원에게 주는 돈은 아까울 수밖에 없다. 월급 주는 직원 중에 마음에 드는 직원은 하나도 없고 타사 직원만 일을 잘하는 것 같다. 그렇다고 막상 타사 직원을 데려오면 곧 그 사람도 '마음에 안 드는 직원' 명단에 오른다. 여기에 화룡점정은, '내가 하고자 하는 일은 지구 끝까지 가서라도 해내고 만다!'는 엄청난 추진력이라 할 수 있다. 이 대목에서 고개를 끄덕이는 이들이 많을 것이다. 문제는 그것이 그의 입장에서는 추진력이지만, 직원 입장에서는 아집이라는 점이다.

중소기업 대표의 마음을 들여다보자

왜 하필 중소기업 이야기를 꺼내냐면, 대한민국에서 대기업에 다니는 사람보다 중소기업에 다니는 사람의 비율이 압도적으로 높기 때문이다. 전체 비율로 따지면 8:2 정도 된다. 나 역시 중소기업 직원으로 시작했고 중소기업에서 오랫동안 임원을 맡았다. 그런데도 세상은 온통 대기업 얘기뿐이다. 그러니 우리 이야기는 스스로 할 수밖에.

가끔 대기업 출신이 중소기업에 들어오는 경우가 있다. 그러면 초반에는 늘 불협화음이 생긴다. 대기업 출신들은 가장 먼저 조직도를 파악하고, R&R$^{Role\ \&\ Responsibility}$(역할과 책임)을 확립하고, 업무 흐름을 잡는 일을 한다. 명령 체계가 명확하고 업무의 역할 분담이 확실하지 않으면 일을 할 수 없다고 생각하기 때문이다. 하지만 중소기업에서는 그렇게 일을 하면 업무가 진행되지 않는다.

사업 계획도 대기업에서는 반년, 1년 단위로 치밀하게 세우지만, 중소기업은 당장 내일 무슨 일이 터질지 모르니, 일단 부딪혀보고 빨리 방향을 틀거나 기회를 잡는 순발력이 훨씬 중요하다. 그래서 대기업에선 '절차대로 했느냐', '보고 라인은 지켰느냐'가 중요할 수 있지만, 중소기업에선 '그래서 일이 되게 만들었느냐'가 중요한 것이다. 대기업 출신 눈에는 우리가 계획 없이 주먹구구식으로 일하는 것처럼 보일 테고, 우리는 당장 회사의 생존이 걸려 있는 마당에 저 유연성 없는 모습이 답답하게 느껴지는 것이다.

이렇게 대한민국의 중소기업은 매 순간 생존과 성장을 위해 기민하게 움직여야 하는 곳이다. 그런 중소기업을 이끄는 대표 역시 기민성이 필수다. 기업 내부에서도 변화가 잦다. 기본적으로 중소기업은 장기근속이 어려운 게 사실이다. 판교 같은 IT 기업 밀집 지역에서는 "1년 이상 같은 직원이 담당하는 걸 본 적이 없다."는 말이 나올 정도다. 제조업도 마찬가지로 직원들이 빨리 퇴사하고 새 사람들이 들어온다. 현실적으로 대표는 주변의 한두 명을 제외하고는 모두 '곧 나갈 사람' 취급을 할 수밖에 없다.

그 관점으로 대표들의 기행을 보면 일정 부분은 이해가 되기도 한다. A사의 대표가 신입사원 보고까지 직접 챙기는 것은, 직원들이 자주 나가고 업무의 맥이 자주 끊기니 회사를 가장 오래 다니고 잘 아는 자신이 직접 히스토리를 체크하며 업무 흐름을 파악하는 것이다. D사 대표가 직접 연구소에서 실험하는 것도 비슷한 맥락이다. 품질관리나 보고가 믿음직스럽지 않을 경우를 대비해 직접 파악해두는 것이다. 마이크로 매니징이 심한 것도 회사가 언제든 위기에 빠질 수 있다는 불안에서 비롯된다.

특히 자수성가형 중소기업 대표들의 속마음을 들여다보면, 다들 한 번쯤은 '죽을 뻔한 위기'를 겪은 공통 경험이 있다. 집 팔고, 반지 팔고, 인생을 건 끝에 성공을 맛봤지만, 직원들은 자신만큼 절실하게 일하지 않는다. '내가 백 명 몫을 다 했는데, 저 사람들은 왜 퇴근 시간만 되면 퇴근을 할까?' 이런 생각에 밤잠을 설친다.

물론 이들이 천재적인 리더십을 가졌거나, 사교성이 뛰어나서 대표가 된 것은 아닐 것이다. 오히려 CEO들은 내향적인 사람이 많다는 통계도 있다. 다만 자신이 꽂힌 아이템 하나에 인생과 전 재산을 걸고, 잠 줄여가며 매달려 성공을 일궈낸 사람들이다. 본인이 믿는 방식대로, 실패의 책임을 스스로 지고, 외로운 길을 걸어온 사람들이다. 그래서 때로는 천재,

때로는 또라이, 때로는 고집불통으로 불린다. 솔직히 그런 사람 옆에 오래 붙어 있기가 쉽지 않다.

괴짜 대표를 어떻게 바라볼 것인가

만약 당신과 함께 일하는 CEO가 상식적인 사람이라면 축하한다. 즐거운 직장생활을 만끽하길 바란다. 하지만 대부분은 대한민국 기이한 대표 콘테스트에 제보하고 싶은 심정일 것이다. 하지만 우리가 아무리 싫어해도 대표는 대표고, 우리는 그 밑에서 월급을 받으며 일해야 하는 직원이다. 팀장, 본부장, 팀원 모두 대표의 '마이크로 매니징'과 '예측 불가능성'에 적응해야 한다. 관리자라면 더욱 대표와 부딪힐 일이 많을 것이다.

 이때 대표의 비위를 맞추라는 이야기가 아니다. 성격은 차치하더라도, 맨주먹으로 성공을 일군 사람이라면 분명 '일' 자체는 잘하는 사람일 가능성이 크다. 결단력, 디테일에 대한 집요함, 위기관리 능력, 시장을 읽는 통찰력 같은 건 책으로 배울 수 없는 실전 노하우다. 그들의 방식이 비효율적으로 보일 수 있지만, 한편으로는 그들이 여기까지 온 방법이기도 하다. 일은 힘들겠지만 어쩌면 돈 주고도 못 살 값진 경험을 하는 기회일 수 있다. 배우려는 마음만 있다면, 그들이 던지는 '기회'를 붙잡을 수 있다.

만약 "에이, 우리 대표는 순전히 운이 좋아서 성공한 거예요!"라고 항변하는 이가 있다면, 내게 연락 주기를 바란다. 이 험한 세상에서 운이 좋아서 자수성가했다니, 그거야말로 하늘이 내린 능력이다. 우리는 모든 일에 힘을 들이고 열정을 퍼부어야 그것이 진정한 일이라고 생각한다. 아니다. 힘들이지 않고 잘할 수 있다면 그야말로 고수인 것이다. 나는 아직 그런 경지에 도달하지 못했기에 매일 개미처럼 일하며 노력하고 있다. 아, 나도 몇 년이 걸리든 그 '운 좋아서 자수성가하는 법'을 배우고 싶다.

당신은

감정 쓰레기통이 아니다

하루는 직원과 줌 미팅을 하는데, 직원이 울면서 말했다.

"그때 저는 감정 쓰레기통이 된 기분이었어요."

그날 업무가 많이 꼬였고, 그 과정에서 마음 상하는 일이 있었던 모양이다. 우리 회사는 업무 특성상 의사들과 협업해 강의나 학술행사를 준비하는 경우가 많다. 그 과정에서 의사들에게 자료를 받아야 하는데, 이게 쉬운 일이 아니다. 직업의 특성상 의사들은 낮에는 진료를 보고 밤이나 주말에야 겨우 자료를 만들 수 있는데, 본업에 치이는 와중에 발표 자료까지 완성하자니 자꾸만 제출이 늦어지기 때문이다. 그러다 보니 우리가 준비하는 일정이 촉박해지고, 강의가 매끄럽지 않거나 내용이 부실해지는 경우가 생긴다.

문제는 그럴 때 비난의 화살이 가끔 이쪽으로 돌아온다는 것이다. 강의 일정을 너무 촉박하게 잡았다느니, 자료를 제대로 챙기지 못했다느니 등등 책임이 전가되는 경우다. 직원 입장에서는 이미 사전 합의한 일정이고, 발표자가 늦게 자료를 준데다 준비도 부족했던 상황인데 엉뚱하게 책임을 떠안게 되어 억울했을 것이다.

그래서 속상한 마음에 이 말이 튀어나온 것이다. '감정 쓰레기통'이라는 말. 이 말에는 상대의 부당한 감정 공격을 고스란히 받아야 했던 무력감이 담겨 있다. 그날 강연자가 감정적으로 퍼부은 말들이 마치 쓰레기처럼 느껴지고, 본인은 어쩔 수 없이 그 쓰레기를 가만히 받아낼 수밖에 없었다고 느꼈을 테니까 말이다.

하지만 어떤 순간에도 스스로를 감정 쓰레기통이라고 불러서는 안 된다. 그 단어 자체가 수동적인 피해자의 언어이기 때문이다. 내가 쓰는 말이 바로 내가 된다. 스스로 이 표현을 쓴다는 건 상대방의 부정적 감정을 고스란히 받아들이고,

그 부당한 감정을 인정하는 꼴이 된다.

우리, 냉정하게 한번 생각해보자. 솔직히 직장에서 하는 일이 얼마나 대단한 일이라고, 우리가 쓰레기통 취급을 받으면서까지 일을 해야 하나? 세상 어느 누구도 다른 사람을 쓰레기통 삼아선 안 된다. 누군가가 감히 나를 자신의 감정 쓰레기통 취급했다면, 그건 그 사람의 문제고, 그가 고쳐야 할 태도다. 한마디로 이건 해결해야 할 문제이지, 내가 상처 받아야 할 문제가 아닌 셈이다. 그러니 상대가 아무리 쓰레기 같은 감정을 내뿜어도, 내가 그걸 품을 필요는 없다.

나는 감정 쓰레기통이 아니기 때문이다.

성숙한 사회인의 최고의 무기는 무엇인가?

그렇다면 감정 공격을 당했을 때는 어떻게 대처해야 할까? 사실 직장생활에서 '감정적'이라는 말은 대체로 부정적으로 쓰인다. 직장인이 공식적인 자리에서 감정을 드러내는 건 미성숙하고 비전략적인 행동이다. 하지만 그런 미성숙한 행동을 저 사람은 자신의 지위가 위라는 이유로 버젓이 나한테 하고 있는 것이다.

따라서 상대의 감정에 말려들지 말아야 한다. 지금 이 순간, 성숙한 사회인으로서 감정을 관리하지 못하고 있는 사람은 내가 아니라 상대방이다. 이런 상대방에게 똑같이 감정으로 대응하면 나 역시 미성숙한 사람이 된다. 성숙한 사회인의 최고의 무기는 '감정'이 아니라 '팩트'다.

사실 눈앞에서 내게 성질을 부리는 사람을 보면 나도 욱하는 마음이 드는 건 어쩔 수 없다. 하지만 잠시 감정을 추스르고 생각해보자. 상대방과 나 사이에는 무슨 일이 있었는가?

예를 들어 "이차장이 일정을 늦게 알려줘서 이렇게 됐잖아요."라는 말을 들었다고 치자. 그럼 억울하고 황당해서 눈물부터 나오는 사람들이 있다. 자, 눈물은 닦고 차분히 기록하자. 그동안 나눴던 대화들을 왜곡하거나 과장하지 말고 타임라인에 따라 객관적으로 정리해보는 것이다. 주고받은 메일, 메신저 대화는 훌륭한 증거자료가 된다.

우리의 찬란한 완주를 위하여

1. 나는 그가 주장하는 행동을 정말 했는가?

강의는 3월 5일. 2월 20일에 강연자 동의 및 일정 확정 메일 발송 완료. 당시 A 강연 펑크로 급하게 대타 섭외한 건 맞지만, '이 날짜에 강의 가능하신가요?' 먼저 의사 여쭙고 'OK' 사인 받고 진행함.

2. 나는 저 말을 들을 만한 다른 원인을 제공했는가?

주말에 전화하셨다는데, 당시 휴가 중이라 전화를 못 받은 상황이 있었음. 월요일 복귀하자마자 연락드림.

이런 식으로 당시 상황을 상세히 적어 내려가는 것이다. 사실 우리의 기억은 사실과 감정이 뒤섞여 왜곡되기도 한다. "이차장이 일정을 늦게 알려줘서 이렇게 됐잖아요."라는 말에는 '너 때문에 망쳤어!'라는 부정적인 감정이 들어 있다. 하지만 이렇게 뒤엉킨 기억의 실타래를 하나하나 풀어 사실관계를 명확히 해보면 그 말이 부당한지 정당한지 알 수 있다. 반면에 이런 과정 없이 그저 감정 쓰레기통 취급을 당했다며 하소연만 늘어놓으면 부정적인 감정만 증폭될 뿐, 문제는 해결되지 않는다.

대인배의 마음으로

그런데 이렇게 정리를 하다 보면 의외로 내 잘못이 발견되는 경우도 많다. 사람이 하는 일이므로 실수도 있게 마련이다. 중요한 것은 두 번 다시 같은 실수를 반복하지 않는 것이다. 만약 동료에게 하소연만 했다면 내 잘못은 영영 모르고 넘어갔을 것이다. 동료는 내 말만 듣고 맞장구쳐줄 테니 말이다.

하지만 복기 결과, 이건 빼도 박도 못하게 상대방의 잘못이고 부당한 처사라는 게 드러날 때가 있다. 그렇다면 이제 어떻게 할 것인가? 당장 상대방에게 달려가 '이거 보라'며 따질 것인가? 일단은 한숨 푹 자기를 권한다. 적어도 24시간 동안은 그 일을 머릿속에서 최대한 지워버리는 것이다. 그렇게 뇌를 한번 싹 정화한 후에, 상대방에게 전략적인 연락을 취하자.

"이번 일로 마음 많이 상하셨을 텐데, 다음에는 이런 일이

재발하지 않도록 저희가 더 꼼꼼히 챙기겠습니다. 이번 프로젝트에 귀한 시간 내주시고 도움 주셔서 정말 감사합니다. 좋은 하루 보내세요!"

여기서 "내가 잘못한 것도 없는데 왜 굽혀야 하느냐."며 볼멘소리가 나올 것이다. 그 사람이 나를 무시한 것 같고, 이대로 넘기면 더 기세등등할 것 같고, 억울할 것이다. 그 마음을 내가 왜 모르겠는가. 하지만 기억하자. 용서는 강자의 특권이다. 약자는 뒤에서 욕하고, 강자는 앞에서 '쿨하게' 용서한다. 솔직히 여기서 그 사람 붙들고 잘잘못을 따져봤자 얻는 건 없다. 하지만 내가 이렇게 대인배 모드로 나가는 순간 분명하게 얻는 것이 생긴다. 일단 상대가 완전히 사이코패스가 아닌 이상 가슴이 뜨끔할 것이다. 인간에게는 누구나 '수오지심羞惡之心'이라는 게 있다. 누가 근거 없이 성질부리고 마음 편할 수 있겠는가. 그리고 나에 대한 주변의 평가도 달라진다. "어떻게 저런 상황에서도 저렇게 차분하게 대응하지?"라며 다시 보게 되는 것이다. 내게 온 시련은 위기가 아니라 기회가 될 수도 있다.

이런 대인배적 면모를 보였음에도 상대방이 지속적으로 그렇게 행동한다면, 이는 정상적인 사회인이라기보다 언제 문제를 일으킬지 모르는 시한폭탄이라고 보는 게 옳다. 이 경우에는 기록해둔 자료를 기반으로 회사 측과 대화하는 것도 방법이다. 회사 입장에서도 장기적 리스크를 고려하면 정상적인 사람과 일하길 원하기 때문이다.

감정근육을 단련하는 방법

직장생활을 하다 보면 온갖 감정이 쓰나미처럼 밀려온다. 내 감정도 있고, 남의 감정도 있다. 앞서 말했듯 직장에서 감정을 내보이는 것은 가장 지양해야 할 태도다. 특히 여자의 경우는 더욱 그렇다. 회의 시간에 자칫 감정이 격해져 눈물을 보이기라도 하면 '감정 조절도 못 하는 불안정한 여자'라는 딱지가 붙고, 이 딱지는 이직해서도 따라다닌다. 눈물이 나올 것 같으면 차라리 반차를 쓰고 집으로 가길 권한다.

그렇다면 직장생활에서 감정의 근육은 어떻게 단련할 수 있을까? 일이 잘되면 기분이 좋고, 안 되면 기분이 안 좋아지는 건 누구나 마찬가지다. 영업직은 특히 희비가 엇갈린다. 직장에서의 인간관계도 마찬가지다. 관계가 좋은 사람만 있으면 좋겠지만 사실 그렇지 않은 경우가 더 많다. 주변을 둘러보면 직장 내 인간관계 때문에 직장을 그만두는 경우도 정말 많다. 그런 경우를 보면 안타깝다.

사실 돌이켜보면 감정에 가장 영향을 많이 받던 시기가 20~30대였다. 직장에서의 업무나 관계가 곧 '나'라고 생각해 목숨을 걸고 일희일비하던 시절이었다. 하지만 어느 순간부터 잘되든 잘 안 되든 감정의 파도가 잔잔해진다. 외부에서는 '냉혈한'이라고 비난하거나 혹은 '프로답다'고 칭찬하지만, 사실은 화를 낼 필요도 기뻐할 필요도 없다는 것을 깨달은 단계다. 감정의 근육이 단단해진 것이다.

이 정도가 되면 감정적인 상대방을 대할 때도 나는 동요가 없다. 상대가 내 앞에서 어떤 감정을 표출해도, 나는 내가 원하는 바를 이루기 위한 반응을 한다. 때로는 같이 울기도 하고, 때로는 냉정한 말을 하기도 한다. 심지어 내 면전에 대고 욕을 해도 "좋은 말씀 감사합니다."라고 받아낼 때도 있다. 실제로 나를 조직 개편에서 밀어내고 싶었던 상사가 내 면전에서 "너 때문에 지난 2년간 업무가 망가졌다."고 말한 적이 있었다. 나는 그저 깍듯하게 "조언 감사합니다. 돌아보겠습니다. 그러나 저에게 그렇게 진심 어린 관심을 주신 분은 대표님뿐이셨습니다. 정말 감사합니다."라고 답했다. 20대의 나라면 자존심이 상해서 파르르 떨었을 일이 지금은 아무렇지도 않은 것이다. 물론 타격이 없는 건 아니다. 감정에 근육이 생긴다는 건, 맞았을 때 버틸 힘이 생긴 것일 뿐 아예 느낌이 없는 건 아니기 때문이다.

이렇게 직장에서 감정근육이 단단해진 계기는 사실 그동안 말 그대로 산전수전 다 겪었기 때문이다. 그렇게 너무 많은 감정을 겪다 보니 감정이라는 것은 결국 변하는 것이고, 어차피 지금의 감정이 지나면 또 새로운 감정이 온다는 것을 알게 되었다. 얼굴만 봐도 불쾌했던 어제의 적이 오늘은 친구가 되기도 하고, 툭하면 부정적 감정을 내뿜는 상사 때문에 죽을 것같이 기분 나쁘다가도 집에 가서 사랑하는 가족이나 반려동물을 보면 풀어지기도 하는 것이 바로 감정이다.

지금 이 순간에도 직장 내에서 감정 문제 때문에 눈물을 흘리거나 사표를 품에 안고 위장장애를 겪고 있는 사람이 있을 것이다. 감정근육을 단련하기 위해서는 감정에 형태가 없음을 깨달아야 한다. 감정은 형태가 없기에 내가 어떤 마음을 먹느냐에 따라 쉽게 모양이 변한다. 어떤 그릇에 담기느냐에 따라 변한다는 점에서 감정은 마치 물과 같다.

반면, 회사는 어떤가? 회사에는 분명히 형태가 있다. 회사는 내가 일을 통해 자아를 실현하거나 수익을 통해 삶을 부양할 수 있는 유용한 도구다. 지금의 커리어를 쌓기 위해 그동안 어떤 노력을 했는지 생각해보자. 금세 변할 수도 있는 순간의 감정 때문에 내 삶의 소중한 도구를 내팽개칠 텐가?

그렇게 감정과 회사를 비교해보면, 솟구치던 감정이 어느 순간 차분히 가라앉는 게 느껴질 것이다. 그러니 감정에 그렇게 목숨 걸지 말고, 누군가의 쓰레기통으로 살지도 말자. 그리고 성숙한 직장인으로서 팩트로 승부하자. 거기에 대인배의 면모까지 보인다면 감정 따위는 우리의 앞길에 걸림돌이 될 수 없다.

이직, 나의 몸값은

얼마인가

'육박하다'라는 표현을 참 좋아한다. '바싹 다가가다'라는 뜻이다. 이 단어를 처음 알게 된 것은 철학자 강신주의 책을 읽을 때였다. 나는 그저 "어제 날씨가 40도에 육박했다."는 식의 예로만 알았는데, 철학에도 인문학에도 육박해 들어갈 수 있다는 것을 알게 되었다. 그렇게 한 존재에 가까이 다가설수록, 공감의 폭이 깊어지고 우리가 인식하는 세계도 넓어진다.

일에도 '육박'이 필요하다. 그냥 다람쥐 쳇바퀴 돌 듯 단순히 주어진 일만 반복하며 매너리즘에 빠져버리면, 그만큼 내 삶이 일에 '육박'하지 않은 셈이다. 결국 일이 그저 돈을 버는 수단이 되어버리고, 내가 일을 통해 성장하는 기회를 놓치게 된다. 하루 8시간 이상을 일하면서도 그저 '버티는' 게 전부라면, 내 삶은 결국 '버티는 삶'이 되어버린다. 내 삶이 가여워진다. 물론 일에만 지나치게 몰입해서 번아웃이 오는 것도 문제지만, 억지로 일하며 사는 것도 우리 삶을 좀먹기는 마찬가지 아닐까.

그래서 중요한 건 '직職'이 아니라 '업業'으로서 일을 바라보는 태도다. '직'이 단순한 직업, 먹고살기 위한 자리라면, '업'은 내 가슴을 뛰게 하고 평생을 통해 이루고 싶은 '나의 일'이라고 볼 수 있다. 내 일을 즐기고 성장할 수 있는 기회로 삼으려면, 무엇보다 내가 좋아하는 일이 무엇인지 알아야 한다. 그런데 그걸 찾는 방법은 의외로 간단하다. 먼저 '내가 싫어하는 것'부터 찾는 것이다.

나는 학창 시절부터 수학이 너무 싫었다. 아무리 해도 3차원 입체는 이해할 수 없었고, 문제 풀이도 결국 암기로 해결할 정도였다. 그래서 수학은 일찌감치 인생에서 빼버렸다. 운전도 마찬가지였다. 차만 가지고 나가면 사고가 났다. 이것도 인생에서 제외. 가족을 위해 희생하는 여성의 삶도 싫었다. 절대 그렇게 살지 않기로 결심했다. 그렇게 인생에서 '이건 도저히 아니야!' 싶은 것들을 하나하나 걷어내다 보니 신기하게도 일이 남았다. 다행히 이건 마음에 들었다.

이직의 타이밍은 언제인가

여기서 중요한 건 내가 육박하고 싶었던 건 '회사'가 아니라 '일'이라는 점이다. 회사는 내가 꿈꾸는 '업'을 펼칠 수 있는 무대이자 도구일 뿐, 그 자체가 최종 목적이 되어서는 곤란하다. 회사는 나의 업을 위해서 언제든지 떠날 수 있는 곳이라고 인식해야 한다.

내가 회사를 떠나야겠다고 생각할 때는 보통 회사가 나를 품을 그릇이 아니라는 생각이 들 때다. 예를 들어, 외국계 기업을 대상으로 영업해 고객을 늘리는 새로운 프로젝트를 기획한 적이 있다. 하지만 내부 반발로 무산됐다. 회장님을 만나 직접 설득하고 실제 고객까지 유치했는데도 내부에서는

"굳이 왜 새로운 일을 벌이냐", "지금 하는 일에나 집중하자."는 반발에 부딪혔다. 아, 이 회사는 더 큰 바다를 볼 생각이 없구나, 눈앞의 작은 시장에만 안주하려는구나 싶었다. 그 판단이 든 순간 '떠나야겠다'는 생각이 들었다.

익숙해서 편하다는 이유로, 월급을 적당히 받는다는 이유로 더 머물렀다가는 내 가치를 펼칠 수 없을 것 같았다. 100세 시대에 100세까지 먹고살기 위해서는 끊임없이 성장해야 하지 않겠는가. 나처럼 더 나은 '일'을 찾아서 이직을 결심하는 경우도 있지만, 각자 다양한 이유로 새로운 도전을 생각할 때가 올 것이다. 계기가 어떻든 일단 이직을 마음먹었다면 이제 가장 현실적인 고민을 할 차례다. 바로 '내 몸값은 얼마일까?' 하는 질문이다.

내 몸값을 객관적으로 알아보는 방법

'엄마 친구 아들'은 늘 전교 1등인 것처럼, 언제나 아는 사람의 아는 사람은 좋은 회사에서 나보다 높은 연봉을 받는 것 같다. 하지만 엄마 친구 아들에 대한 모든 정보를 곧이곧대로 받아들일 수 없듯이, 건너 건너 아는 사람의 연봉도 그대로 받아들여선 안 된다. 대부분의 사람은 본인의 급여를 이야기할 때, 급여와 인센티브에 각종 수당까지 끌어모아 최대한 '있어 보이게' 말하는 경향이 있기 때문이다. 그렇기 때문에 그런 검증되지 않은 정보에 휘둘려서 '내 연봉만 작고 소중하다.'며 슬퍼하거나, '우리 회사는 왜 돈을 이거밖에 안 주지?' 하며 분노할 필요가 없다. 이직 시장에서 내 몸값이 궁금하다면, 말 그대로 시장에 나 자신을 매물로 내놓으면 된다.

1. 자신의 경력과 이력 사항을 최신 성과 중심으로 명확하게 정리한다.(수치화된 성과는 객관성을 높인다.)
2. 공신력 있는 채용 포털에 이력서를 공개하고, 희망하는 연봉 수준을 명시한다.
3. 면접을 진행할 경우, 원하는 연봉 수준을 다시 한 번 명확히 전달하고 협상에 임한다.

우리의 찬란한 완주를 위하여

이 과정을 통해 어느 정도는 내 몸값을 객관적으로 파악할 수 있다. 여기저기서 러브콜이 쏟아져 '오, 생각보다 내 몸값이 높네?'라며 깜짝 놀랄 수도 있고, 반대로 '아, 아직 나는 이 정도구나.' 하고 냉정한 현실을 깨달을 수도 있다. 현재 회사에서 받는 급여가 객관적으로 적정한지 확인하려면, 남의 말에 휘둘리지 말고 자신의 실제 시장가치를 파악해보는 편이 최선이다. 이때 스스로를 과소평가할 필요도, 과대평가할 필요도 없다.

큰 물고기는 작은 연못에서 성장할 수 없다. 더 큰 성장을 위해서는 필연적으로 이직이 필요할 때가 온다. 그리고 나의 몸값은 그동안 나의 '업'에 얼마나 진심으로 '육박'해 들어갔는지, 얼마나 성장하고 발전했는지에 따라 결정된다. 궁극적으로 내 몸값을 결정짓는 것은 나 자신이다.

받은 만큼 일할게요 vs.

준 만큼 일하세요

요즘 후배들을 보면 참 당차고 솔직하다는 생각을 자주 한다. 얼마 전에도 커피 한잔씩을 앞에 두고 "이 일 더 하면 월급도 더 주시나요?"라는 질문을 받았다. '라떼'는 감히 엄두도 못 냈을 질문이다. 물론 이 후배가 왜 그런 질문을 하는지 그 심정은 너무 잘 안다.

사실 중소기업이나 변화무쌍한 스타트업에서는 갑자기 없던 일이 툭 튀어나오기도 하고, 퇴사한 옆자리 동료의 일이 내게 넘어오기도 하고, 조직 개편이라는 이름 아래 일이 산더미처럼 불어나기도 하는 것이 일상다반사다. 투자를 받은 회사의 경우는 적절한 사전 논의 없이 일방적으로 업무가 내려오는 경우도 있고, 오너 기업의 경우는 대표의 기분에 따라 어제 내린 지시가 오늘 아침엔 백지가 되기도 한다.

이런 상황에서 업무 분장은 언제나 골치 아픈 숙제다. '이 폭탄을 누구에게 안겨줘야 하나? 다들 이미 자기 일만으로 등골이 휠 텐데. 그렇다고 아무한테나 맡길 수도 없고…… 이 일이 저 친구 커리어에 약이 될까, 독이 될까?' 속으로 이런저런 저울질을 하다가 결국 적임자를 찾아 맡긴다. 그럴 때 후배가 "제가 이 일을 왜 해야 하죠?" 혹은 "이건 제 업무 범위가 아닌데요?"라고 똑 부러지게 이의를 제기하는 경우가 있다. 합리적이고 당연한 질문이다. 선배로서는 이 후배가 납득할 때까지 최대한 성심껏 설명해야 할 의무가 있다.

하지만 가장 진땀 나는 질문은 바로 이거다. "네, 할게요! 그런데…… 그래서 얼마 더 주실 건데요?" 이런 질문 앞에서는 정말 할 말이 없어진다. 사실상 돈을 더 주지 않으면 일을 하지 않겠다는 말이기 때문이다. '받은 만큼만 일한다.'는 직장인들의 오랜 신조 중 하나이긴 하다. 하지만 일을 더 시키려면 돈을 더 줘야 한다는 요구, 정말 당연한 요구일까?

일을 더 시키려면 돈을 더 주세요?

흔히들 월급이 두둑하면 일도 편할 거라고 생각하지만, 그건 다 드라마 속 이야기다. 예를 들면 금융권을 생각해보자. 금융권은 30대 후반에 임원이 되고, 40세를 넘기면 자리 보전조차 힘들다. 그 짧은 기간 동안 얼마나 살벌한 성과 경쟁을 치르겠는가. 병원 의사들의 경우는 어떤가? 의대 문턱 넘기부터 시작해 밥 먹듯 밤새우는 수련 과정까지 험한 과정을 거쳐 고액 연봉자가 되었고, 지금도 워라밸 없이 환자를 돌보며 살고 있다.

컨설팅 업계는 어떤가. 크리스마스 전에 회의를 한 클라이언트가 "새해 첫 주에 결과 봅시다!" 하면, 남들 캐럴 들을 때 쪽잠 자며 보고서 만들어야 하는 게 현실이다. 휴가도 고객사 눈치 보느라 제대로 알리지도 못하고 몰래몰래 다녀온다. 내가 쉬는 동안 경쟁사들이 내 고객을 낚아채려고 혈안인 사실을 알기 때문이다. 결론적으로 말해서, 돈 많이 준다고 일까지 편한 경우는 거의 없다.

회사로서는 직원에게 지급하는 급여 외에도 각종 비용이

들어간다. 사무실 유지비 및 직원 교육비, 이런저런 복지 혜택까지 합치면 보통 '1인에게 투여되는 비용=급여×3'이라고 한다. 그래서 "받은 만큼만 일하겠다."고 선언하는 순간, 회사도 '지금 저 사람에게 얼마를 주고 있지? 본전을 뽑고 있는 건가?' 하고 계산기를 두드리게 된다. 결국 내가 생각하는 '받은 만큼 일하는 것'과 회사가 생각하는 '준 만큼 일하는 것'은 차이가 날 수밖에 없다.

실제로 받은 만큼만 일하기를 원한다면 회사라는 울타리를 벗어나 프리랜서로 일을 하는 것이 맞다. 여기에는 장단점이 있다. 프리랜서는 자유롭게 시간을 활용하며, 돈을 벌 만큼만 일하면 되는 직종이다. 반면에 회사가 주는 안정감과 복지가 없고, 일이 없으면 수입이 롤러코스터를 타는 일도 허다하다.

그래서 나는 이렇게 생각한다. 일단 회사에 소속되어 일을 한다면, 당장 눈앞에 떨어진 일이 좀 낯설고 버거워 보여도, '까짓것, 한번 배워서 해보지 뭐!' 하는 마음으로 덤벼보는 편이 낫다고. 회사라는 울타리의 또 다른 장점은 체계적인 성장 가능성이기 때문이다.

물론 이런 식으로 일을 하면 주변에서 난리가 난다. "그렇게 일하시면 회사 좋은 일만 시키는 거예요! 이용당하시는 거라고요!", "왜 더 달라고 안 하세요?", "그 힘든 일을 왜 또 맡으세요?", "그건 옆 팀 일이잖아요!"…… 지금도 귓가를 울리는 것 같다.

물론 억울하고 힘들 때가 왜 없겠는가. 회사가 갑자기 조직을 개편하면서 팀 목표를 확 올려버리거나 인센티브 제도를 슬쩍 바꿔서 내 몫이 줄어들 때도 있었고, 우리 팀이 애써 만든 결과물을 다른 팀에 넘겨줘야 할 때도 있었고, 반대로 다른 팀에서 터진 문제를 우리가 수습해야 할 때도 부지기수였다. 물론 나도 사람인지라 억울할 땐 버럭 화도 내고, 때론 눈물 찔끔거리며 읍소도 했지만, 그럼에도 하나둘씩 새로운 스킬을 장착하다 보면 어느새 내 일의 영역도 넓어지고 회사 안에서 성장할 기회도 더 커지곤 했다. 그리고 일이 늘어난다고 해서 무조건 그에 비례해 근무시간이 늘어나는 것도 아니다. 회사 일은 대부분 연결되어 있기 때문에, 요령이 생기면 전체 근무시간은 크게 늘리지 않으면서 더 많은 일을 해낼 수 있는 지혜도 생겨난다. 이게 성장이다.

솔직히 말해서, 내가 생각하는 내 몸값과 회사가 생각하는 내 몸값은 영원히 평행선을 달릴 것이다. 받은 만큼만 일하겠다고 하면, 오히려 '자기객관화가 안 되는 사람'이라는 평가를 받을 수도 있다. 그렇기 때문에 회사에서 일을 하는 한, '지금 당장 얼마를 더 받아야겠다.'는 생각에 급급해하기보다, 조금 더 멀리 보며 이곳에서 충분히 성장하고 나의 기반을 닦겠다고 마음먹는 편이 좋다. 결국 꾸준히 노력하는 자에게 옳은 순간은 오기 때문이다.

외국계 기업은 정말 꿈의 직장일까?

이렇게 '받은 만큼만 일하겠다.'는 마음은 종종 외국계 회사에 대한 환상으로 이어지기도 한다. 업무 영역 Role & Responsibility이 확실하고, 성과에 따른 보상 Recognition & Rewards이 확실하기 때문이다. 정해진 일만 잘하면 인정받고 승진할 수 있다니, 얼마나 깔끔하고 멋져 보이는가. 그래서 많은 사람이 외국계 회사를 '꿈의 직장'으로 알고 있다.

하지만 과장급 이상만 되어도 그 환상은 조금씩 깨지기 시작한다. 20년 넘게 외국계 회사들과 일해오면서, 적어도 임원급에서 완벽한 '워라밸'을 누리거나 R&R에 적힌 일만 칼같이 하는 사람은 단 한 명도 못 봤다.

얼마 전에 잘나가는 미국계 제약회사 임원들과 송년회를 했는데, 한 비즈니스 담당 임원분이 다크서클을 턱밑까지 드리우고는 깊은 한숨과 함께 이런 말을 했다. "아, 저는 도대체 언제쯤 돼야 워라밸이라는 걸 맞춰볼 수 있을까요?" 그러면서 씁쓸하게 덧붙였다. "이번에 우리 회사 직원만족도를 조사했더니, 직원들이 '우리 회사는 월급 많이 받는 사람이 일도 많이 하는 좋은 회사'라고 평가했대요." 항암제와 희귀질환 치료제를 만드는 혁신적인 회사였다. 여성 임원이 7명 중 6명이나 될 정도로 능력 있는 일꾼들만 모인 곳이지만, 그들의 어깨에 짊어진 책임과 업무량은 숙련된 한국 노동자인 내 눈으로 봐도 상상을 초월한다. "왕관을 쓰는 자, 그 무게를 견뎌라."라는 말처럼, 관리자가 되어 돈을 많이 받으려면 그만큼 일도 많이 해야 하는 게 현실이다.

사실 회사에서 업무를 칼로 무 자르듯 정확하게 나누기는 현실적으로 거의 불가능하다. 그렇게 열심히 역할을 나누려고 애쓰는 것은, 사실 위로 올라갈수록 업무가 점점 더 모호해지고 확장된다는 역설적인 이유 때문이다. 한마디로 안 되니까 애쓰는 거다.

외국계 회사의 진짜 모습을 알고 싶다면, 그 회사 CEO들의 라이프스타일을 한번 살펴보길 권한다. 복지 좋고 수평적인 문화로 유명한 회사의 여성 CEO 중에 결혼을 하고 육아를 하고 워라밸을 즐기며 사는 사람이 얼마나 있는지. 외국계 회사에서 CEO는 단순히 '높으신 분'이 아니라 '전혀 다른 종류의 어마어마한 책임을 지고 전혀 다른 차원의 일을 하는 사람'이라는 인식이 강하다. '가장 많이 받는 사람이 가장 많은 책임을 지고, 가장 많은 일을 해내야 하는' 상황에 스스로를 밀어 넣을 수밖에 없는 구조다.

더 높은 곳으로 향하고 싶다면

"저는 지금 인사팀에서 급여를 담당하는 전문가예요. 5년 뒤에는 인사팀장이 되고 싶고요. 하지만 지금 당장은 제 업무 영역이 칼같이 지켜졌으면 좋겠고, 딱 그것만으로 평가받고 싶어요."

만약 이렇게 말하는 사람이 있다면, 그 사람은 과연 인사팀장이 될 수 있을까?

"일 못하는 건 숨길 수 있어도, 일 잘하는 건 절대 못 숨긴다."라는 말이 있다. 하나를 특출나게 잘하는 사람이 다른 일도 잘할 가능성이 높다는 것은 조직관리의 오래된 진리다. 영업에서 날아다니는 에이스에게 마케팅이나 홍보 일을 맡겨보는 것도 다 그런 이유에서다. 특히 영업은 숫자로 성과가 딱 떨어지는 거의 유일한 분야다 보니 그만큼 판단하기 좋다.

그럼 인사팀의 경우는 어떨까? 채용처럼 눈에 보이는 몇 가지 빼고는 '얼마나' 잘했는지 객관적으로 측정하기가 참 애매한 일이 많다. 사실 '잘'이라는 개념은 상대적이기 때문이다. '일을 잘한다'는 평가 뒤에는 보이지 않는 노력과 협업이 숨어 있는 경우가 대부분이다. 따라서 회사는 어떻게든 구성원의 역할을 넓히고, 성과를 평가할 기준을 정하려 한다. 결국 내게 주어진 일, 내 R&R을 완벽하게 해내는 건 기본 중의 기본이고. 그 이상으로 협업을 통한 시너지를 내고 회사 전체 성과에 기여하는 것이 리더가 되어 좀 더 높은 곳으로 향하는 지름길이다. 이는 국적 불문, 업종 불문 동일하다. 만약 "저는 제 R&R에 있는 일만 할래요!"라고 고집한다면, 어쩌면 빠르게 변하는 세상에서 이미 조금씩 뒤처지고 있는 건지도 모른다.

물론 지금 당장 월급이 오르는 것도 아닌데 일을 떠맡자니 억울하고 불공정하게 느껴질 수 있다. 하지만 내가 그동안 직장생활을 꽤 오래 하면서 한 가지 깨달은 게 있다면, 회사에서 통용되는 공식은 단순히 '월급 대비 노동시간'으로만 계산되지 않는다는 것이다. 그보다는 '내가 이 회사에서, 이 일을 통해서 얼마나 배우고 성장했는가?' 그리고 '내가 우리 회사와 팀에 얼마나 좋은 영향을 미쳤는가?' 하는 좀 더 복합적인 방정식으로 풀린다. 직장생활의 진짜 가치는 '지금 당장 내 통장에 얼마가 찍히느냐'보다, '몇 년 뒤 내가 어떤 사람으로 성장해 있느냐'에 있다고 생각하는 편이 좋다. 다시 한 번 강조하지만, 우리의 레이스는 단거리경주가 아니라 마라톤이기 때문이다.

얼마 전 외국계 기업인 한국화이자 사무실을 방문했다. 그 사무실에는 "Dare to TRY(한계를 넘어 도전하라!)"라는 슬로건이 큼지막하게 걸려 있었다. 결국 어떤 회사에서든 정해진 R&R을 넘어서 도전하려는 자세가 필요하다.

당신을 위하는 자,

위해를 가하는 자

"여자의 적은 여자다."(여적여)라는 말이 있다. 정말 그럴까? 내 경험상 이건 정말 세상에서 가장 게으른 일반화 중 하나다. 따지고 보면 사회생활에서 나를 힘들게 하고 내 앞길을 막는 사람이 어디 여자뿐이었겠는가. 솔직히 내 앞길을 못 막아서 안달하며 온갖 음해 공작을 펼친 존재는 여자보다 남자가 더 많았다. 그럼에도 "여자의 적은 남자다."(여적남) 같은 말은 아예 존재하지도 않는다. 내 직장생활의 빌런은 8할이 남자였는데 말이다.

'여적여'는 여성이 같은 여성을 더 많이 이해하고 공감해야 한다는 생각에서 비롯된다. 남자가 자신을 힘들게 하면 '어휴, 남자가 다 그렇지 뭐. 내가 이해해야지.' 하면서, 여자가 조금이라도 기대에 어긋나면 "역시 여적여!"를 외치는 건 너무 불공평하지 않은가. 여자가 적으로 느껴진다면, 그건 어쩌면 상대방이 '여자니까' 더 많은 것을 바라고 있기 때문일 것이다. 여자에게만 유독 더 높은 도덕적 잣대와 무한한 공감 능력을 요구하는 것이다.

여성의 리더십 역시 마찬가지다. '여자 상사는 섬세하다.', '여성 리더십은 따뜻하다.'는 식의 말은 실제로는 여성에게 더 많은 공감과 세심한 배려를 요구하는 부당한 사회적 기대일 뿐이다. 실제로 나는 공정하게 일 처리를 해도 곧잘 "차갑다.", "공감 능력이 없다.", "독종이다." 같은 비난을 들어왔다. 그리고 똑같은 상황에서 남자는 "프로페셔널하다."라는 평가를 받는다.

여성 리더의 섬세함이라니, 어디서 한가한 소리들을 하고 있는지 모르겠다. 각자 맡은 일을 잘하는 게 중요하지, 여성적이고 남성적인 게 중요한가? 리더십은 각자의 성향과 능력에 따라 다를 뿐, 여성적이라거나 남성적이라는 프레임으로 규정될 수 없다. 리더란 일을 잘되게 이끄는 사람이지, 성별에 따라 역할이 정해지는 존재가 아니다.

사실 여자가 뭘 해도 비난을 듣기 딱 좋은 게 바로 이런 성별 프레임이다. 이런 프레임에 갇히는 순간, 여성들은 자신의 개성과 능력을 제대로 발휘할 기회조차 박탈당하게 된다. 제일 중요한 것은 여성 스스로가 이런 성별 프레임에 갇히지 말아야 한다는 것이다. 이런 이중 잣대야말로 직장에서 여자들의 발목을 잡는 진짜 '적'이기 때문이다.

직장생활에는 영원한 아군도, 적군도 없다. 그저 각자의 역할과 책임이 있을 뿐이다. 그렇기 때문에 같이 일하는 사람이 여성이라는 이유로 더 믿거나 더 의지할 필요도, 반대로 더 적대할 필요도 없다. 나는 나고, 너는 너일 뿐이다.

아무도 믿지 마라, 특히 '지나치게 잘해주는' 사람을

성별 프레임을 벗어났다면, 이제 본격적으로 직장 내 인간관계의 본질을 들여다볼 시간이다. 직장생활을 하다 보면, 나를 위하는 척하며 다가오는 사람들이 있다. 그들은 마치 친언니처럼, 친오빠처럼, 때로는 엄마처럼 나를 감싸주고 챙겨주는 듯 행동한다. 하지만 결론부터 말하면, 여자든 남자든 사회생활을 하면서 만난 사람을 너무 깊이 믿거나 의지하지 않는 편이 좋다.

드라마에는 물론 존재한다. <이상한 변호사 우영우>를 보면 '봄날의 햇살'처럼 주인공을 위해주는 동료가 등장하고, 마치 '아빠'처럼 실수를 보듬어주는 상사가 등장한다. 하지만 현실은 어떨까? 직장생활에서 누군가가 당신을 전적으로 '위해준다'는 느낌이 강하게 든다? 그럼 그 사람을 믿고 의지하기보다 머릿속으로 경고 사이렌을 울리는 게 낫다.

회사는 기본적으로 이익을 내는 집단이다. 동료애나 파트너십도 물론 중요하지만, 직장은 각자의 이익과 성과를 위해 모인 공간이다. 그런데 이곳에서 누군가가 당신을 조건 없이 따스하게 보살펴준다? 생리적으로 불가능에 가깝다. 오히려 그렇게 다가오는 사람일수록 당신을 자신의 이익을 위해 '활용'하려는 의도를 숨기고 있을 수 있다.

나를 동생처럼 아껴주고 감싸주는 사람은 동료가 아니라

윗사람 행세를 하며 보호자 코스프레를 하는 경우가 많다. 이들은 늘 "넌 잘하고 있어.", "힘들면 언제든 말해."라며 내 편처럼 굴지만, 실제로는 내 성과를 가져가거나 내 약점을 이용할 가능성이 크다. 처음엔 밥도 사주고, 힘들 때 내 얘기도 들어주며 나를 위하는 듯 보인다. 언제나 살얼음판 같은 직장에서 이런 사람을 만나면 마음이 놓인다.

하지만 그것도 잠시일 뿐이다. 처음엔 보호받는 듯한 착각이 들지만, 시간이 지나면 지날수록 내 성과는 희미해지고, 내 존재감은 흐릿해진다. 대신 그 사람이 중심이 되는 회의, 그 사람이 주도하는 프로젝트, 그리고 그 사람이 만들어낸 듯한 결과물만 늘어난다. 하지만 그동안 쌓아온 관계와 자신이 어려울 때 도와준 데 대한 고마움 때문에 이상한 걸 알면서도 점점 그 사람에게서 벗어날 수 없게 된다. 이런 유형은 특유의 '사람 좋다'는 이미지로 주변에 사람을 모으고, 회사 내 여론을 쥐락펴락하는 데 아주 능숙하기 때문이다. 그 집단에서 벗어나려 하면 '이상한 사람', '배신자'로 몰아 아무도 당신 말을 믿지 않게 만든다.

'가스라이팅'은 여기서 발생한다. '너는 내가 없으면 안 돼.',

'너는 내 밑에 있어야 돼.'라는 메시지를 은연중에 끊임없이 주입당함으로써 내 감정이 무시받고 선택이 조종당하게 되는 것이다. 이런 관계에 빠지면 결국 내 모든 것을 빼앗기고 만다.

 이는 직장뿐 아니라 모든 인간관계에 적용된다. 내 지인 중에 해외에서 오래 살다가 다시 귀국한 사람이 있었다. 국내 대기업 임원으로 임명되었기 때문이다. 하지만 한국을 떠난 지 너무 오랜지라 아는 사람이 없었는데, 회사에서 우연히 초등학교 동창을 만났다고 한다. 그 친구가 한국 생활에 적응하도록 도와주고 외로울 때 함께 있어주면서, 둘은 가족처럼 가까운 사이가 되었다고 한다. 하지만 결국 이 관계는 금전 사고로 끝났다. 처음에는 그 친구로부터 펀드 투자를 권유받았고, 점점 액수가 불어나더니 마지막엔 인감도장까지 넘겨주며 모든 재산을 잃게 된 것이다. 지인은 결국 미국으로 돌아갈 수밖에 없었다. '위해주는 척 위해를 가하는 자'의 전형적인 사례다.

직장생활에 '봄날의 햇살'은 없다

직장이란 '같이 일하는 사람들의 집합'이지, 서로 기대어 감정을 위로받는 곳이 아니다. 일터는 회사이지 가정이 아니며, 상사는 언니도 아니고 엄마도 아니다. 그리고 직장 동료는 친구가 아니다. 그 역할을 착각하기 시작하면 인간관계는 엇나간다. 우리는 모두 한 사람의 성인으로 직장에 와서 일한다. 그러니 누가 누굴 보살펴주겠는가.

물론 누군가를 보호하고 끌어주는 관계는 가능할 수 있다. 그러나 그것도 상호보완적인 관계여야지 일방적이면 결국 소진과 착취로 끝난다. 내가 약자가 되어 상대에게 의존하는 순간, 그 관계는 오래가지 못한다. 특히 뜻하지 않은 어려움에 빠졌을 때 조심해야 한다. 힘들 때 갑자기 잘해주는 사람이 나타난다면 인간은 저도 모르게 동아줄 붙잡듯 매달리게 된다. 이때 한발 물러서서 생각해볼 수 있어야 한다.

그렇다면 건강한 직장 내 관계란 무엇일까? 앞서 말한 '위해주는 척 위해를 가하는 자'들처럼 항상 달콤하지만은 않다. 오히려 좀 툭툭거리고 때로는 당신의 부족한 점을 날카

롭게 지적해서 마음을 상하게 하는 사람에 가까울 수 있다. 성과를 분배하다가 비위가 상해 싸우기도 할 것이다. 하지만 이런 관계가 직장에서 정말 필요한 인간관계다. 직장에서 내게 필요한 것은 나를 보살펴주고 위해주는 사람이 아니라 오직 함께 성장하는 동료이기 때문이다. 이는 각자의 능력이 비등하고 서로 보완적일 때만 가능하다.

'여적여'도, '여성의 따뜻한 리더십'도 모두 허상이듯이, '봄날의 햇살' 같은 직장 동료나, '아빠' 같은 직장 상사도 판타지일 뿐이다. 그러니 너무 기대하지도, 너무 적대시하지도 말자. 누구에게도 지나치게 의지하지 말고, 누구에게도 무조건 충성하지 말자. 직장생활에서 진짜 관계는 1:1의 실력, 주고받음이 있을 때만 유지된다는 사실만 기억하자.

진짜 인맥 만들기

많은 여성 직장인들이 남성 중심적이라 여겨지는 조직 문화 속에서 인맥 형성에 대한 고민을 안고 살아간다. 예를 들어,

드라마를 보면 꼭 이런 장면이 나온다. 담배 연기 자욱한 옥상에서 남자들끼리 중요한 결정을 내리는 장면 말이다. 이런 조직 문화를 '스모킹 갱스터'라고 한다. 하지만 현실에 존재하는 장면일까? 대답은 '네' 혹은 '아니오'다. 실제로 함께 담배를 피우고 술을 마시며 끈끈해지는 남성 중심의 조직 문화가 여전히 존재하긴 한다. 하지만 '이 문화가 중요한 영향력을 발휘하는가?'에 대해서라면, 나는 다소 회의적인 입장이다. 그들은 그냥 같이 술 마시고 담배 피우며 사이좋게 수명을 깎아먹고 있을 뿐이다.

만약 인맥 형성이 밤늦게까지 술을 마시며 버티는 체력 싸움이라면, 여자들에게는 분명 불리한 게임이다. 하지만 흔히 밤 9시가 넘는 술자리에서 모두가 친구가 된다고 하지만, 다음 날 돌아보면 남는 것은 없다. 이는 남녀를 불문하고 마찬가지다. 술자리에서 인맥을 만들었다고 믿는 것은 그저 허상일 뿐이다. 직장생활의 인맥은 단순히 아는 사람의 숫자가 아니다. 진정한 인맥은 '내가 도움을 줄 수 있고, 나에게 도움을 줄 수 있는 전략적 관계'를 의미한다. 술을 못 마셔도 얼마든지 형성할 수 있는 관계이다.

물론 과거에는 분위기가 지금과 사뭇 달랐다. 제조업 중심의 산업 구조에서는 상명하복 문화와 연공서열에 따른 관계가 중요하게 작용했기 때문이다. 이런 환경에서는 남성 중심의 네트워크가 공고하게 형성되기 쉬웠다. 그러다 보니 여성들은 소외감을 느낄 수밖에 없는 구조였다. 물론 지금처럼 여성 전문 인력이 많지 않던 시절이기도 했다. 회식 자리에서 밤늦게까지 버티거나, 주말의 등산 모임에 억지로 참여해야만 인맥이 생긴다고 믿는 이들도 있었다.

하지만 시대는 변했다. 지식산업, 온라인 네트워크를 이용한 서비스업이 주를 이루고, 심지어 재택근무도 보편화되었다. 그리고 코로나 팬데믹을 거치며 조직 구조도 변했다. 과거의 피라미드식 구조에서 작은 팀 단위로 움직이는 유연한 수평적 구조로 바뀌었다. 이제는 개인의 업무 성과가 명확하게 드러나는 시대다. 따라서 누가 더 오래 술자리를 지키느냐가 아니라, 누가 더 창의적인 아이디어를 내고, 효과적으로 협업하며, 실질적인 가치를 만들어내는지가 중요해졌다.

만약 여러분의 직장에 아직도 스모킹 갱스터가 실재하고 이들이 정보를 차단하거나 자기들끼리만 공유하는 구시대적

방식으로 일을 하고 있다면, 그곳에서 고군분투하기보다 새로운 곳으로 떠나는 것이 더 현명할 수도 있다. 어차피 지금의 시대에 그런 조직은 오래 못 가기 때문이다.

인맥을 만들 때 첫 번째로 필요한 자질은 뛰어난 '관찰력'과 '공감 능력'이다. 누가 무엇에 관심이 있는지, 누구와 자주 어울리는지, 어떤 업무를 선호하는지 등을 파악해두면 관계의 첫 단추를 꿰는 데 용이하다. 이는 단순히 피상적인 대화를 넘어, 상대의 마음을 얻고 신뢰를 쌓는 기반이 된다.

두 번째로 필요한 자질은 '정보를 취합하고 연결하는 능력'이다. 정보는 곧 힘이다. 업계 동향, 회사 내부 소식, 주요 의사결정자들의 관심사 등을 파악하고 있으면 대화의 실마리를 쥐게 된다. SNS나 뉴스레터 등을 통해 관련 분야의 최신 정보를 꾸준히 수집하는 일도 중요하다.

세 번째로 필요한 자질은 '정서적 연결 형성'이다. 업무적인 대화로 시작해 점차 사적인 영역으로 확장해나가는 것이 좋다. 예를 들어, 프로젝트 관련 질문으로 시작해 점심식사나 커피 한잔을 함께하는 시간을 만들어보자. 작은 기념일을 챙기거나 축하와 위로의 메시지를 건네는 세심함, 꾸준한 소통을 통해 관계를 유지하는 노력도 좋다. 이는 단발적인 만남을 지속적인 네트워크로 발전시키는 핵심 요소다. 술자리에서 쌓는 하룻밤짜리 의리가 아니라, 일상 속에서 차곡차곡 쌓아 올린 신뢰가 진짜 힘을 발휘한다.

이처럼 인맥 만들기는 체력전이 아니라 상대의 부족함을 채워주고 나의 강점을 나누며 섬세하게 관계를 관리하는 기술이다. 외국계 컨설팅 회사나 기술 영업 분야에서 여성들이 두각을 나타내는 이유도 바로 이러한 전략적 관계 관리 능력 덕분이다.

우아한 사내 정치

'사내 정치'라는 말이 부정적으로 들릴 수 있지만, 사내 인맥 관리도 중요하다. 조직 내에서 자신의 역할과 영향력을 확장하는 일은 일상적인 업무 추진부터 중요한 프로젝트 성공까지 결정적인 역할을 한다. 그래서 때로는 외부 관계보다 내부 관계가 더 어렵게 느껴지기도 한다. 단지 상대방을 모함하고 깎아내리는 식으로 여론을 형성하는 것은 우아하지 못하니 지양하도록 하자.

사내에서 유의미한 인맥을 만들기 위해서는 우선 도움을 주고받는 데 주저하지 말아야 한다. 자신의 전문성을 필요로 하는 이에게 기꺼이 도움을 제공하고, 반대로 내가 도움이 필요할 때 주저하지 말고 그 분야 전문가에게 정중하게 설명하고 협조를 구한다. '기브 앤드 테이크'가 확실하다는 인상이 바로 그 사람에 대한 신뢰로 이어진다. 평소 다양한 부서의 동료들과 꾸준히 소통하며 신뢰를 쌓아두면 업무 효율성과 당신의 영향력을 동시에 높여줄 것이다. 이런 신뢰는 결정적 순간에 네트워크 파워로 발휘된다.

무엇보다 항상 염두에 두어야 할 점은, 회사는 법정이 아니며 논리와 근거만으로 모든 일이 해결되지 않는다는 것이다. 옳고 그름을 따지는 것은 하수의 방법이다. 따뜻한 차 한잔과 진솔한 대화가 더 강력한 힘을 발휘할 때가 많다.

결국 지금의 직장에서 진정한 인맥 만들기는 남성 중심의 낡은 방식을 모방하는 것이 아니다. 술자리에서 오가는 허황한 약속보다 실제로 도움을 주고받을 진정한 인맥을 만들어가는 것이 네트워킹의 핵심이다. 그러니 '기브 앤드 테이크'의 관점에서 전략적으로 네트워크를 구축하자. 그것이 바로 진짜 인맥을 만드는 길이다.

우리의 찬란한 완주를 위하여

04

어서 와,
관리직은 처음이지?

전설적인 영업사원이 임원까지 되었지만

퇴사한 건에 대하여

'쪼그만 회사에서 임원은 무슨 임원이야.'

첫 임원 발령 공고를 마주했을 때, 내 머릿속을 스친 생각이다. 주변에서 축하한다는 말이 쏟아졌지만, 솔직히 기쁘다기보다 마음이 복잡했다. 당시 회사에서 임원에게 주는 유일한 혜택은 주차 지원과 교통비였다. 하지만 운전대를 잡았다 하면 사고를 내던 나는 이미 면허를 장롱 깊숙이 처박아둔 지 오래고 회사까지 걸어다니는 뚜벅이였으니, 그마저도 그림의 떡이었다. 보다 못한 동료가 강남 한복판의 비싼 주차 공간이니 제3자에게 대여해 부수입이라도 올리라는 우스갯소리를 건넸을 때 잠시 솔깃했던 것을 보면, 나도 어지간히 철이 없었던 모양이다. 그렇게 '쿨병'에 걸린 채로 첫 임원이 되었지만 한편으로는 드디어 내가 중요한 일을 하게 되었다는 설렘도 있었다. 임원의 또 다른 이름은 중역重役, 말 그대로 중요한 역할 아닌가.

첫 임원회의에서 느낀 '현타'

임원회의는 대체 왜 꼭두새벽부터 시작하는 걸까? 아이 둘을 등교시켜야 하는 워킹맘에게 '30분 일찍 출근'이란, 단순히 30분 일찍 일어나는 문제가 아니었다. 아이들 식사 준비부터 시작해, 격렬하게 저항하는 녀석들을 30분 더 일찍 깨우는 일부터 난관이다. "오늘 엄마가 정말 중요한 일이 있어서 그래, 미안해!"를 수십 번 외치며 달래고 부탁한 끝에 겨우 식탁에 앉히고 집을 나섰다. 혹여나 아이들이 다시 잠들어 등교를 놓칠세라, 출근길 내내 전화로 "다시 자면 안 된다!"를 외치며 회사로 뛰었다. 안 그러면 한창 업무에 집중할 시간에 "오늘 ○○가 학교에 오지 않았는데, 혹시 어디 아픈가요?" 하는, 등골 오싹한 담임선생님의 문자를 받게 되기 때문이다.

그렇게 도착한 회의실. 널찍한 테이블 주위엔 이미 '임원'들이 모두 착석해 있었고, 회장님은 여유로운 미소로 나를 맞았다. 분명히 시작 시간 전에 도착했는데도 내가 가장 늦은 사람이었다. 나를 제외한 나머지 임원들은 자녀들을 깨워서 학교에 보내지 않아도 됐을 테니까.

"임원회의를 시작하겠습니다."

회의는 실적 점검과 문제점 지적으로 시작됐다. 당시 가장 큰 변화는 인센티브 제도의 개편이었다. 그간 '고성과자'에게 집중됐던 보상이 팀원들에게 분산되는 방식으로 바뀐 것. 영업 조직이 회사의 기둥이었던 터라, 이 변화는 그야말로 뜨거운 감자였다. "일 잘하는 사람 다 나가겠다.", "회사가 돈독이 올랐다."는 볼멘소리가 돌았다. 당시에는 생소했던 그 제도는 이제 보편적인 성과 분배 방식 중 하나가 되었지만, 그때만 해도 낯설게 들렸다. 업계 최고 수준의 영업 성과를 내고, 그런 팀과 본부를 이끌던 나로서는 그 변화가 개인적으로도 도무지 납득되지 않던 터였다. 하지만 누구 하나 "정책 변화로 인해 사내 분위기가 뒤숭숭하고, 우수 인력들의 사기 저하로 인한 실적 악화가 우려됩니다."와 같은 '불편한 진실'을 꺼내지 않았다.

'조금 있다가 나오려나?'

'뒤에서 따로 얘기하나?'

그러다 어느새 회의의 끝이 보였다.

"잠시만요. 인센티브 제도 변경에 대해 논의가 필요합니다."

결국 내가 조심스럽게 말을 꺼냈다. 하지만 돌아온 것은 싸늘한 침묵과 냉랭한 시선뿐이었다. 회의가 끝날 무렵, 한 전무님이 농담처럼 툭 던진 "이상무는 왜 맨날 그렇게 화가 나 있어?"라는 한마디만이 유일한 반응이었다.

나는 화가 난 게 아니었다. 나는 그저 아침 일찍 일어나 애들을 학교에 보내고 달려온 내 시간이 아까웠을 뿐이다. 열 명이 넘는 임원이 이른 아침에 모여, 메일로도 충분히 전달할 수 있는 내용을 보고하고, 지시 사항만 받고 끝내는 회의가 무슨 소용이란 말인가. 현장의 문제를 꺼내고 토론해야 하는 게 임원회의 아닌가? 하지만 그 후로도 회의는 달라지지 않았다. 나는 늘 문제를 제기했고, 분위기는 점점 냉랭해졌다.

반복되는 회의, 깊어지는 절망

그다음 임원회의도, 그다음 회의도 매번 똑같은 풍경이 반복되었다. 이메일로 전달해도 무방할 내용 공유, 일방적인 지시와 훈화 말씀. 그리고 잔뜩 열이 오른 내가 몇 마디 직언을 쏟아내고, 싸늘한 분위기 속에서 회의는 끝났다.

'임원이란 무엇인가.'

결국 나는 본질적인 고민을 시작했다. 나는 임원으로 회사를 위해 중요한 일을 하고 싶었는데, 다른 사람들과 마찬가지로 회장님의 말씀에 무조건 박수치는 '거수기' 역할만 하고 있었기 때문이다. 결국 임원회의라는 것은 실력이 검증되지 않은 사람들이 모여 오너의 눈치만 보며 자리를 지키는 일이라고 판단하기에 이르렀다. 내가 보기에 저들이 그렇게 사는 이유는 단 하나, 능력이 없어 다른 회사로 갈 수 없기 때문이었다. 그러자 그때부터 나의 뇌는 임원이기를 거부하기 시작했다. 나는 도저히 저 '예스맨'들과는 하나로 묶일 수 없었기 때문이다.

그러자 이상한 일들이 일어났다. 임원회의 날짜가 도무지 기억나지 않는 것이다. 전날까지 분명히 기억하고 알람을 맞춰놓아도, 다음 날 아침이면 회의 사실을 까맣게 잊었다. 걸어서 출근이 가능했던 나는 매번 "상무님, 오늘 회의인 거 잊어버리신 건 아니죠?"라는 다급한 연락을 받고서야 부리나케 회사로 달려가곤 했다. '선택적 기억상실증'이었다.

결국 다섯 번째 임원회의에서 퇴사를 결심했다. 더 오래 그 자리에 있었다면 기억력이 돌아왔을지도 모르겠다. 퇴사 이유는 대외적으로 "회사가 원하는 임원이 될 수 없어서"라고 간결하게 정리했지만, 마음속 생각은 전혀 달랐다. '이 회사는 잘못된 방향으로 가고 있어. 분명 잘못될 거야. 그런데 소위 임원이라는 사람들은 이걸 알면서도 방관만 하고 있잖아. 나는 이들을 설득할 힘도, 그럴 마음도 없어. 그러니 떠난다. 나는 저들과 달리 능력이 있거든.' 이것이 당시 나의 솔직한 심정이었다.

예측은 보기 좋게 빗나가고

하지만 내가 퇴사한 이후, 회사는 내가 예상했던 시나리오와는 정반대의 길을 걸었다. 매출은 해마다 급성장하여 '역대 최고 매출' 기록을 갈아치웠다. 내가 몸담았던 팀과 본부는 더욱 성장하여 인원이 너무 늘어난 나머지 작은 팀으로 나눠 운영해야 할 정도였다. 회사가 잘못된 결정을 내렸기에 곧 어려워지리라 생각했던 나의 예측은 처참하게 빗나갔다. 나는 다시 생각하기 시작했다.

'내가 왜 틀렸지?'

첫 회의에서 최고경영자이신 회장님께서 "좋든 싫든 이상 무가 우리와 같은 배를 탔으니……"라고 말씀하셨을 때, 나는 그게 무슨 의미인지도 몰랐고 따라서 이 기회가 얼마나 감사한지도 몰랐다. 지금 생각해보면 해마다 수많은 신입사원이 입사하지만 임원이라는 자리는 그중 극소수에게만 허락된다. 내가 임원이 된 때는 마흔이 갓 넘은 나이, 다른 임원들의 평균연령보다 열 살 이상 어렸다. 당시 내가 담당하던 바이오·헬스케어 산업은 규제가 많은 업종이고, 내가 상대해야 하는 사람들은 대부분 의사결정권을 가진 기업의 임원이나 오너 혹은 최고경영자였다. 냉정하게 말해 대외적인 활동에서 젊은 여성 임원은 큰 도움이 되는 조건은 아니었다. 나를 임원에 올린 것은 회사로서도 꽤 파격적인 결정이었을 것이다. 그렇다면 회사는 왜 나를 임원 자리에 앉혔을까?

나는 당시에 사내 최고 매출을 십수 년간 기록하고 있었지만, 회사가 나를 임원으로 선출한 이유는 '최고의 영업사원'이라는 타이틀이 아니었다. 영업을 잘한다고 영업에 대해서만 의견을 내는 사람은 임원이 아닌 영업팀장의 역할에 머무른다. 당시 회사는 '회사 경영에 자신의 의견을 낼 만한 사람'으로 나를 임명한 것이었다. 임원은 자신의 과거 경력을 기반으로 회사가 앞으로 나아가는 데 필요한 의사결정에 다양한 의견을 제시하라는 미션을 부여받은 사람이다. 하지만 영업사원 마인드로만 똘똘 뭉쳐 있던 나는 임원이란 또 다른 '직업'이자 '직위'라는 사실을 이해하지 못했다. 내 목소리만 낼 뿐, 그 목소리를 효과적으로 반영하는 방법을 배우지 못했다.

지금 생각해보면 그 안에서 내가 정말 해야 했던 일은 '빠른 탈출'이 아니라 '내가 전달하고자 하는 이야기를 효과적으로 의사결정에 반영하는 방법'을 배우고 실천에 옮기는 일이었다. 하지만 나는 그 중요한 소통에 처절히 실패했고, 그 실패를 감추기 위해 '퇴사'라는 가장 손쉬운 선택을 했다. 만약 당시 내가 임원이라는 자리를 잘 이해하고 그 안에서 성장했더라면, 나는 아마도 다른 직원들에게 명문대 졸업장이나 화려한 배경이 없이도 '전설적인 영업사원에서 임원이 된 사례'의 주인공으로서 큰 동기부여가 되었을 것이다. 돌이켜보면, 초짜 임원이 감당하기엔 너무나 무거운 자리였다고 변명하고 싶지만, 결국은 미숙했던 나 자신의 문제였음을 이제는 인정한다. 그리고 그 뼈아픈 첫 실패가 그 후 임원으로서의 여정에 도움이 되었음은 두말할 필요도 없다.

야생의 생존 법칙,

대표의 시간을 획득하라

"회사가 전쟁터라고? 밖은 지옥이다."

유명한 TV 드라마 <미생>에 나온 대사다. 사실 회사는 전쟁터라기보다는 야생이고, 임원회의실은 하이에나들이 무리지어 어슬렁거리는 사바나다.(물론 회사 밖은 지옥이 맞다.)

대표의 귀와 눈이 되려는 임원들의 보이지 않는 경쟁은 실로 치열하다. "강이사가 대표님 방에서 몇 시간째 안 나온다더라.", "유전무 별명이 쥐새끼라지? 온갖 정보를 모아 대표에게 보고한다더라.". 어느 회사에나 강이사나 유전무 같은 인물이 있다.

그러다 보니 임원들에게 둘러싸여 얼굴 한번 보기 힘든 대표도 있고, 반대로 누구랑 밥 한 끼 먹고 나면 온갖 소문이 도는 게 싫어 혼자 밥을 먹거나 차라리 그 시간에 운동을 하며 임원들을 멀리한다는 대표도 있다. 어느 쪽이든 대표에게 눈도장 찍기란 쉽지 않은 일이다.

사실 대표와 임원의 관계는 너무 가까워서도 안 되고 너무 멀어서도 안 된다. 회사라는 야생에서 임원으로 살아남으려면, 그리고 대표 곁에서 내 팀을 지키려면 적당한 거리를 유지하는 지혜가 필요하다.

야생에서 살아남기

나는 평사원에서 시작해 임원을 거쳐 이제는 작은 회사의 CEO가 되었다. 대표로 일한 시간보다 평사원과 임원으로 일한 시간이 더 길다 보니, 아직도 대표보다 직원의 마인드로 대표를 바라보게 된다.

사실 생각보다 대표들은 회사 일에 대해 적극적으로 듣고 싫어 하지 않는다. 아마 대표 취임 초기에는 잠깐 이야기를 들을 것이다. 조직을 파악해야 하니까. 하지만 그 이후부터는 본인이 원하는 대로 조직이 군말 없이, 신속하게 움직여주기를 바랄 뿐이다. 대부분의 대표는 이렇게 자신을 정의한다.

1. **나는 지시한다**: 내가 하고 싶은 일을 생각하고, 지시한다.
2. **나는 평가한다**: 지시한 내용을 직원들이 잘 이행했는지 평가하고, 그에 따라 승진과 급여를 결정한다.
3. **나는 책임진다**: 일이 잘못되면 내가 책임져야 하고, 망하는 것도 나다.

이렇게 대표의 업무는 지시, 평가, 책임 이 세 가지로 요약할 수 있다. 반면 임원들은 그 외의 전반적인 업무를 담당한다. 즉 대표의 생각을 구체화하고, 과정을 관리하며, 위험을 사전에 방지하고, 이익을 극대화할 방안을 끊임없이 제시하는 것이 바로 임원의 몫이다. 그러니 임원은 자연스레 대표의 지시와 가깝고, 성과로 연결되기 쉬우며, 위험부담이 적은 업무를 맡고자 한다. 그래야 대표의 방에 자주 들어가서 보고

하며 자신의 존재감을 드러낼 수 있기 때문이다.

당연히 이런 임원들은 '전략적'이다. 만약 대표의 회사 운영 경험이 짧거나 인맥이 좁아 주변 정보에 취약할 경우, 전략적인 임원들이 하이에나처럼 대표 곁을 에워싸고 유리한 고지를 선점하려 든다. 어느 조직이나 이런 비효율성과 눈가림이 만연해 있다. 그들의 생존 본능을 탓하려는 것이 아니다. 나도 생존 본능이 있으니까. 하지만 이 야생 같은 조직에서 나와 내 팀이 제대로 평가받도록 하려면, 그들과는 다른 차원의 지혜가 필요하다. 대표는 내가 하는 일에 대한 평가자다. 그렇다면 그 평가자가 나와 내 팀이 하는 일의 가치를 명확히 인지할 수 있도록 만드는 것 또한 임원의 중요한 책임이다. '아니, 설마 대표님이 그것도 모르시겠어?'와 같은 순진한 생각은 일찌감치 접어야 한다. 사방에서 각자의 이해관계에 따라 "저 사슴은 사실 말입니다指鹿爲馬."를 외치는 이들이 넘쳐나는데, 대표가 어찌 모든 상황의 진실을 속속들이 알겠는가.

대표의 시간을 획득하라

결국 해법은 대표와 직접적이고 효과적으로 소통하는 길뿐이다. 대표는 최종 결과만을 보고받는 위치이다. 하지만 결과뿐 아니라 과정의 중요성, 숨겨진 위험 요소, 혹은 추가 투자의 필요성을 알려야 한다면, 대표와 자주 만나는 자리를 만들어서 직접 소통해야 한다.

그렇게 하려면 대표의 개인적인 시간을 최대한 점유하려 노력해야 한다. 이를 위해서는 공식적인 보고뿐 아니라 개인적인 티타임, 개별 미팅 등 대표의 시간을 직접 확보해야 한다. 그 외에도 대표와 친해질 수 있다면 무엇이든 활용해야 한다. 대표의 SNS에 '좋아요'를 누르고, 안부 인사를 전하고, 단독 점심을 청하는 등 자신의 존재감을 드러내야 한다.

이런 노력을 해본 적이 없다면, 임원으로서 당신의 존재감은 희미하다고 할 수 있다. 그렇다면 당장 내일 아침에 '우연을 가장하여' 대표와 마주쳐서 5분간의 독대를 요청하는 용기가 필요하다. "대표님, 좋은 아침입니다! 잠시 간략하게 드릴 말씀이 있는데, 5분 정도 시간 괜찮으실까요?"

우리의 찬란한 완주를 위하여

그 5분을 어떻게 활용할지는 또 다른 고민이다. 그렇게 얻은 황금 같은 5분을 "요즘 너무 힘듭니다."라거나 "요즘 대게가 제철입니다."와 같은 이야기로 채울 생각은 아니지 않은가. 대표는 '성과와 직결된' 이야기에만 귀를 기울인다. 회사가 망하면 가장 큰 책임을 지는 것도 대표지만, 회사가 잘되었을 때 가장 큰 이익을 얻는 것도 대표이기 때문이다. 따라서 대표의 구미에 맞는 전략적인 메시지를 준비해야 한다. 극장에서 잘 팔리는 영화도 스토리라인이 명확하고 감동 포인트가 있어야 하듯이 대표와의 대화도 마찬가지다. 나는 보통 세 가지 정도의 스토리라인을 미리 준비해둔다.

1. **성과 저해 요인:** 현재 어떤 것이 성과 도출에 문제가 되는지 정확한 사안을 언급하고, 그에 대한 명확한 대안을 제시한다.
2. **추가 성과 창출 기회:** 현재 진행 상황에서 어떤 부분이 추가적인 성과로 이어질 수 있음을 어필하고, 필요하다면 인력을 포함해 자원에 대한 구체적인 요청을 한다.
3. **대표의 생각 확인:** 현재 진행하고 있는 업무 중 애매한 부

분이 발생했을 때 이 방향이 대표의 생각과 일치하는지, 아니면 진행을 중지하거나 수정하는 것이 맞을지에 대한 의견을 구한다.

　이런 식으로 스토리라인을 구성하여 5분 안에 의미 있는 대화를 이끌어낼 수 있어야 한다. 물론 핵심 메시지는 서두에 배치하는 것이 기본이다. 일단 이 정도 화두를 준비하면 대표에게 내가 하는 업무를 알리고, 내가 어떤 비전을 가지고 일하고 있는지를 어필할 수 있다.
　이 5분의 기회를 10분으로, 10분을 다시 1시간으로 늘릴 수 있도록 대화의 내용을 의미 있고 밀도 있게 끌어간다면, 그 이후는 훨씬 수월해진다. 일단 대표와 문제 해결에 대한 공감대를 형성했으니 앞으로 장애물을 쉽게 피해 갈 수 있다. 그리고 추가 투자를 유도해 막혔던 업무에 속도를 낼 수도 있다. 무엇보다 업무의 방향에 대해 대표의 의중을 한번 컨펌받았기 때문에 나중에 오해를 살 일도 없다. 이렇게 대표의 시간을 점유할수록 내 일에 집중할 수 있고, 성과도 명확해진다.

이때 반드시 지켜야 할 원칙이 있다. 대표와 대화할 때 절대 프레젠테이션 자료를 꺼내지 않는 것이다. 자료에 의존하는 순간 대화의 밀도는 떨어지게 된다. 모든 내용은 머릿속에 완벽히 정리해두고, 오직 자신의 논리와 언어로, 즉 '세 치 혀'로 모든 것을 명쾌하게 설명하고 설득할 수 있어야 한다.

야생에는, 아니 회사에는 언제나 하이에나처럼 대표 곁을 맴돌며 단물을 노리는 임원들이 있다. 하지만 나까지 하이에나가 될 필요는 없다. 다만 늘 5분짜리 '엘리베이터 피치'를 마음속에 준비하고 다니다가, 기회가 왔을 때 정확하고 임팩트 있게 브리핑할 수 있어야 한다. 회사는 결국 이윤을 추구하고, 성과에 관심 없는 대표는 없다. 이것이 내 팀과 내가 야생에서 살아남는 법이다.

리더의 침묵은

금이 아니다

"상무님, 저는 정말 그럴 의도가 아니었어요. 그냥 가만히 있었을 뿐입니다. 동조한 게 아니에요."

이 말이 비수처럼 가슴에 꽂혔던 순간이 있다. 잘나가던 회사, 핵심 보직인 전략기획본부를 이끌며 한창 주가를 올리던 때였다. 하늘 높은 줄 모르고 내 실력과 성과에 스스로 취해 있었는지도 모른다. 그러나 새 투자자가 등장하자마자 모든 게 뒤바뀌었다. 새로 온 투자사 대표는 나를 불러 기존의 노고를 치하하는 듯하며 교묘히 퇴사를 종용했다.

그러자 갑자기 우리 본부를 둘러싼 사내의 공기가 얼어붙기 시작했다. 내가 이끌던 본부 팀원들의 업무는 하루아침에 '누구나 할 수 있는' 잡무로 격하되고, 다른 부서에서 충분히 대체 가능하다는 말이 공공연히 흘러나왔다. 결국 우리 본부는 조직 개편의 소용돌이에 휘말렸다. 협박, 통보, 그리고 개편. 이 세 단어로 그 서슬 퍼런 과정을 요약할 수 있다. 그동안 우리 팀이 쌓아 올린 성과, 공들여 설계한 업무의 중요성, 앞으로의 발전 가능성 따위는 아무런 상관이 없었다. 그저 모든 것이 '올 스톱', 회사에서 나와 내 팀의 존재가 깔끔하게 도려내졌다.

빼앗는 자와 방관하는 자, 어느 쪽이 더 나쁜가

이 과정에서 주변 본부장들과 팀장들의 반응을 지켜보게 됐다. 자극적인 드라마에서나 보던 식상한 레퍼토리가 현실에서 펼쳐졌다. 아니, 어지간한 드라마 작가도 이토록 유치하고 빤한 각본은 쓰지 않을 것이다.

1. '하이에나'형: 우리 본부가 다져놓은 알짜 업무를 자기 부서로 잽싸게 물어간다. 놀랍게도 평소에는 간이라도 빼줄 것처럼 굴던 친한 사람이었다.

2. '나 몰라라'형: "나랑 상관없는 일이야. 내 코가 석 자야." 하며 책임을 회피한다. 결국 그가 내팽개친 업무는 돌고 돌아 힘없는 실무자에게 폭탄처럼 떠넘겨졌다.

3. '일단 받고 보자'형: 일단 "네, 제가 하겠습니다."라며 능력은 둘째 치고 의욕만 앞세워 무턱대고 업무를 받는다. 그러고는 나중에 일이 틀어지면 "원래 하던 팀이 제대로 못해서요.", "전임자가 제대로 인수인계를 안 해줘서요."라며 남 탓으로 일관한다.

4. '침묵의 방관자'형: "이 또한 지나가리라."를 되뇌며 최대한 몸을 낮추고 숨죽이면서 상황이 잠잠해지기만을 기다린다. 눈 한번 질끈 감으면 모든 문제가 해결되리라는 착각 속에 산다. 마치 머리만 덤불에 숨기면 적에게 들키지 않으리라 생각하는 타조 같다.

그때는 우리 팀이 하던 알짜 업무를 빼앗아 가려고 하는

1번 유형이 가장 얄미웠다. 하지만 고쳐 생각해보니 팀의 리더라면 응당 해야 하는 일이다. 그들이 우리 업무에 탐을 낸다는 것은 그만큼 우리가 하던 일이 가치가 있었다는 반증이기도 했다. 솔직히 하이에나는 밉지만, 그건 짐승의 본능이다. 막상 그 폭풍의 한가운데에 서보니, 내게 가장 큰 상처와 무력감을 안긴 것은 바로 4번 유형, 침묵하는 방관자들이었다. 침묵은 방관이고, 방관은 암묵적 동조다. 이 단순한 진리를 깨닫게 된 순간은 고통스러웠다.

급격한 변화 속에서 내가 해온 일들의 가치를 정당하게 인정받는 길은 나의 항변이 아니다. 어차피 특정 본부의 존재 자체를 부정하려는 조직 개편에서, 당사자가 "우리 없이 회사가 잘 돌아갈 것 같으냐!"고 외쳐봤자 공허한 메아리에 불과하다. 이때 필요했던 것은 함께 일하는 동료들의 목소리였다. 업무를 정리하고 영역을 재조정하는 그 살얼음판 같은 회의에서, 누군가는 이렇게 말해줬어야 했다.

"이 업무는 전략기획본부가 전문성을 가지고 진행해왔습니다. 기획 경험이 없는 다른 부서로 넘기면 완성도가 현저히 떨어질 겁니다."

우리에게는 '그들이 어떤 일을 했고, 그들이 없으면 업무 공백이 생기며, 결국 회사에 손해다'라고 지지해줄 한마디가 절실했다. 물론 그런다고 해서 이미 정해진 결과가 뒤집히지는 않았을 것이다. 하지만 벼랑 끝에 서 있는 사람에게, 옆에서 일하는 동료들의 한마디는 실제로 내가 해온 일이 의미 있었음을, 내 노력이 헛되지 않았음을 확인시켜준다. 소속이 바뀌고 리더가 바뀌었어도, 다시 일어설 수 있는 한 가닥 희망과 힘을 주는 것이다. 하지만 그 순간, 그는 침묵했다.

침묵은 가장 큰 배신이다

조직 개편, 업무 변경, 리더 교체, 투자자나 오너의 변화는 기업에서 늘 일어나는 일이다. 아니, 오히려 그런 변화와 위기가 없다면 그 조직이야말로 고인 물처럼 썩어가고 있다는 신호일 것이다. 그런 변화 앞에서 팀의 리더로서, 본부의 책임자로서 우리는 동료에게 어떻게 행동해야 할까.

"나는 처마 아래에 있었지만, 네가 비 맞는 걸 보니 내 마음도 아팠어. 내가 가만히 있었다고 해서 우산을 씌워줄 생각이 없었던 건 아니야." 혹시 이 말에 진심으로 고개를 끄덕일 사람이 있을까? 나는 이런 위선보다는 차라리 솔직함이 백번 낫다고 생각한다. "솔직히 비 맞을까 봐 무서웠다. 힘이 되어주지 못해 정말 미안하다. 내가 감기라도 걸리면 우리 집이 어려워져서 어쩔 수 없었다."라고.

가장 비겁한 유형은 "저는 원래 나서는 사람이 아니라서요."라는 말이다. 입버릇처럼 말하지만, 직장에는 영원한 적도, 영원한 아군도 없다. 결국 변화무쌍하고 예측 불가능한 직장생활에서 마지막까지 내세울 수 있는 무기는 '신뢰'라는 두 글자뿐이다. 거센 폭풍우가 몰아칠 때, 뒤집힐지언정 우산이라도 가져오거나, 날아갈지언정 비닐 포대라도 들고 와서 함께 비를 막아주는 존재가 리더다.

침묵했다고 동조한 것은 아니었다는 어설픈 변명은 통하지 않는다. 방관과 침묵은 결국 가장 교활한 방식의 동조다. 그 사람은 동료가 비를 맞는 것을 보고만 있었고, 머지않아 자신과 자신의 팀이 똑같은 상황에 처했을 때 그 누구의 도움도 받지 못할 것이다. 결국 자기 한 몸 보신하겠다는 이기적인 자세는 장기적으로 자기 자신과 팀 전체를 더 큰 위험에 빠뜨리는 어리석은 도박일 뿐이다. 보신주의는 리더의 본질에 반한다. 리더란 본디 남들보다 더 높은 위험을 감수하고, 그에 상응하는 더 큰 보상을 받는 자리이기 때문이다.

  직장생활을 잘한다는 것은, 단순히 일머리가 좋거나 처세술에 능하다는 것만을 의미하지 않는다. 때로는 불의 앞에서, 부당함 앞에서 침묵하지 않는 용기, 그것이 진짜 실력이고 동료를 얻는 길이며, 나아가 나의 조직을 건강하게 만드는 길이다. 오늘, 당신의 침묵은 과연 금이었을까, 아니면 그저 비겁함이었을까. 한 번쯤 돌아볼 일이다.

차야 할 공㈪을

앞에 두고

나는 전설적인 영업사원이었다. 축구로 치면 역대 최대 골을 넣은 스트라이커였다고 할 수 있다. 원래 승부 근성이 강해서 실적 올리는 것을 참 좋아한다. 별로 힘들이지 않아도 여기서 이렇게 공을 차면 어떻게 골이 들어가리라는 계산이 절로 나왔다. 골을 넣은 후 세리머니도 짜릿했다. 그 실력을 인정받아 남들보다 젊은 나이에 임원이 되었다.

  그런데 임원이 되고 나자 모든 것이 달라졌다. 물론 내가 하는 일은 비슷했다. 내가 발로 뛰어 고객을 유치하고, 밤낮으로 공들여 관계를 다지고, 매 순간 개입해야만 프로젝트가 산으로 가지 않고 겨우 굴러가는 게 현실이었다. 팀장들이 고객 앞에서 버벅거리거나 사고라도 치면, 온갖 민원은 내 차지였다. 그렇게 내 영혼을 갈아 넣어 프로젝트를 정상 궤도에 올려놓았지만 이제 '나만의 공功'이란 없었다. 나 혼자 공격도 하고 수비도 하며 기가 막힌 슈팅 기회를 잡았지만, 정작 슛은 양보해야 하는 운명이 된 것이다.

  그러고 나면 팀장들은 '자신이 잘한 덕분'이라며 팀원들 앞에서 어깨에 힘을 주고 있었다. 내가 혼자 하다시피 했지만 모든 일은 이제 '우리 본부가 한 일'이 된 것이다. 심지어 그렇게 겨우 성공시켜놓으면, "상무님은 바쁘시니까……"라며 뒤풀이는 자기네 팀끼리 슬쩍 빠져나가더라. 최소한 "상무님께서 밤낮으로 갈아 넣으신 영혼 덕분에……", "상무님의 신들린 위기관리 능력 아니었으면……" 이런 공치사 한마디 정도는 해줘야 하는 것 아닌가?

  심지어 내가 따낸 알짜배기 프로젝트를 영업력이 부족해 허덕이는 옆 본부에 눈물을 머금고 넘겨주기도 해야 했다. 그렇게 넘어간 프로젝트를 제대로 못 살려도 속상하고, 반대로 그 프로젝트가 대박이 나도 속상하다.

우리의 찬란한 완주를 위하여

임원이 되고 나서 한동안 이 '억울함'과 처절한 사투를 벌여야 했다. 내가 잘했고, 내가 인정받았고, 앞으로도 내가 계속 잘할 거니까 임원이 된 것 아닌가. 하지만 임원이 되고 나니 그 잘했던 것들을 이제는 아랫사람들과, 심지어 다른 부서나 팀과도 나눠야 한다. 개인의 빛나는 공이 아니라 회사 전체의 이익으로 승화시켜야 하는 것이다. 내게 남아 있던 영업사원의 영혼은 임원이라는 직책에 적응을 못 했다. 공을 차고 싶어 발이 근질근질했으니까.

부하 직원을 키우는 것이 리더의 임무다

이 뼛속까지 박힌 영업사원 근성을 빼내는 데 오래 걸렸다. 그 시간은 영업사원인 나를 죽이고 리더로 다시 태어나는 과정이었다. 수많은 시행착오와 불면의 밤을 겪었다. 사실 개인적인 역량이 뛰어나다는 것은 리더가 되기 위한 수많은 조건 중 하나일 뿐이다. 이제는 '내가 일을 잘하는' 것을 넘어, '다른 사람들이 일을 잘할 수 있도록' 만들어야 한다. 그러려면 당연히 개인 역량은 기본 중의 기본으로 장착하고 있어야 한다. 내가 잘나지 않았는데, 어느 누가 내 곁에서 배우며 일하고 싶어 하겠는가. 내가 가진 능력을 나누고, 그것을 팀 전체의 능력으로 배가하라고 회사는 나를 임원 자리에 앉힌 것이다.

그렇다면, 리더가 된 뒤 가장 먼저 해야 할 일은 '나눔'이다. 좀 더 거창하게 표현하면 '희생'이다. 그리고 함께 일하는 사람들이 '성공 경험'을 맛볼 수 있도록 온갖 지원과 노력을 아끼지 않아야 한다. 더 나아가, 내가 가진 능력을 기반으로 회사의 전체적인 발전에 기여할 부분이 있다면, 영업이든 관리든 영역을 가리지 않고 뛰어들어야 한다. 그것이 바로 회사가 임원에게 진심으로 바라는 바였다.

그 시선으로 주변을 둘러보니 나와 같은 시행착오를 겪는 리더들이 많았다. 아무리 능력이 뛰어나도, 리더가 되는 순간 조직의 골칫덩어리로 전락해버리는 것이다. 영업의 신이라 불리던 사람을 영업본부장에 앉혔더니 밑도 끝도 없는 이간질만 일삼다가 쓸쓸히 퇴장하는 경우도 있고, 재무 업무의 귀재라며 경영지원을 맡겼더니 뒤에서 타 업체와 검은 거래를 일삼다 해고당하는 일도 비일비재하다. 법무 업무의 달인을 경영기획 총괄로 임명했더니 그 본부 직원들이 단체로 사표를 던지는 대참사도 심심찮게 본다. 개인이 아무리 뛰어나도, 리더로 마인드 전환에 실패하면 그저 '능력 있는 빌런'이 될 뿐이다.

리더가 얼마나 잘하고 있는지는 그 팀의 조직 이탈률을 보면 알 수 있다. 아무리 성과가 좋아도 마치 가라앉는 배에서 탈출하듯이 팀원들이 줄줄이 조직을 떠나고 있다면, 그 리더에게 문제가 있는 경우다. 보통 두 가지 양상을 보인다.

1. '이건 내가 한 거야!'형: 이 유형은 영업을 따냈든, 기적처럼 프로젝트를 수주했든, 회사에서 공을 인정받았든, 그 어떤 성과라도 자신의 단독 공으로 포장한다. 팀에 좋은 결과가 나면 빛의 속도로 대표님 방으로 달려가 "회장님! 제가 또 한 건 해냈지 말입니다!"를 외친다. 팀원은 그저 들러리일 뿐이다.

2. '이거밖에 못하니?'형: 팀원들의 자존감을 바닥으로 끌어내리면서 일을 닦달하는 유형이다. "내가 판 다 깔고 밥상까

지 차려서 떠먹여줬는데, 이것도 제대로 못하니? 대체 언제까지 내가 일일이 다 챙겨줘야 하는 거니?"

 물론 이들의 입장에서 따지고 보면 다 맞는 말이긴 하다. 자신이 다 한 거 맞고, 자신이 판 깔아준 거 맞고, 팀원들이 못한 거 맞고, 앞으로도 계속 자신이 떠먹여줘야 할 것처럼 보이는 것도 맞다. 하지만 리더라면 적어도 내놓고 그런 말을 해서는 안 된다. 왜냐하면 그것이 바로 리더의 '일'이기 때문이다.

 이전 회사에서 공공기관 프로젝트를 많이 진행했다. 공기업 프로젝트는 특성상 아주 까다롭고 진행도 힘들다. 문서 작업도 많고 내부 기준도 엄격한데다 마감 시한도 공무원 마음이기 때문이다. 그중에서 가장 어려운 부분은 수주다. 워낙 경쟁이 치열하기 때문이다. 한번은 회사가 프로젝트 수주 단계에서 번번이 고배를 마실 때 혜성처럼 한 본부장이 나타나 자신의 모든 역량과 인맥을 총동원해 기적처럼 수주에 성공했다. 심지어 계약 조건도 역대 최고로 따내 회사 전체가 축제 분위기였다.

문제는 그다음부터였다. 그 프로젝트는 소위 '저주받은 프로젝트'라고 불릴 만큼, 맡기만 하면 사람들이 줄줄이 퇴사했다. 프로젝트 근처에만 가도 퇴사 바이러스에 감염된다는 흉흉한 소문까지 돌았다. 왜 그랬을까? 그 능력 출중한 본부장님이 앞서 말한 '이건 내가 한 거야!'형, '이거밖에 못하니?' 형에 모두 해당하는 상사였던 것이다. 일정이 조금이라도 늦어질 기미가 보이거나 팀원이 잠시 자리라도 비운 것 같으면, 득달같이 전화해서 "이거밖에 못하니?"라며 닦달한 반면, 중간에 고객에게 긍정적인 피드백이라도 받으면 그 즉시 대표님 방으로 뛰어 들어가 곧 둘만 사이좋게 식사하러 나가곤 했다.

물론 그 프로젝트를 수주함으로써 회사는 당장 금전적 이득을 얻었지만, 그 TFT에서 떨어져 나간 사람이 스무 명 남짓이라는 사실을 감안하면, 과연 그 프로젝트가 회사에 진정으로 남는 장사였을까? 나는 아니라고 생각한다. 부하 직원을 키우지 못하는 사람은 리더가 아니다. 굴러온 공을 자기가 뻥뻥 차는 것이 아니라 장기적으로 부하 직원들이 스트라이커가 될 수 있도록 뒤로 물러나는 사람이 리더다.

리더가 되면 어금니가 부서진다

"리더가 되면 어금니가 부서진다."라는 말이 있다. 그렇다면 어금니는 어떤 상황에서 부서질까? 실제로 어금니는 부서질 수 있다. 뿌리에 금이 가면 이를 세게 물 때 뿌리 아래 신경에 염증이 생길 수 있고, 더 진행되면 잇몸이 녹아내린다. 최악의 경우 치아가 모두 소실될 수도 있다. 잇몸이 치아를 잡아주지 못해서다. 사실 평사원 시절에는 주변에서 "어금니 다 뽑혔어."라고 말하는 임원들을 보면 '과장이 심하네.'라고 생각했다. 하지만 나도 리더가 된 후 양쪽 어금니에 모두 금이 가고 신경이 손상돼 앞니로만 죽을 먹어야 하는 시기를 몇 번 겪었다. 어금니 부서진다는 말이 비유가 아니라 진짜였던 것이다.

 그럼에도 불구하고 리더는 어금니를 꽉 물어야 한다. 리더는 머릿속 생각을 뇌에서 입으로 '직배송'하면 절대 안 된다. 뇌에서 바로 나온 그 날것의 언어를 어금니로 한번 꾹 참고 잘근잘근 씹어서 소화한 다음, 이렇게 정제된 언어로 말할 수 있어야 한다. "이 모든 영광은, 다 불철주야 고생한 여

우리의 찬란한 완주를 위하여

러분 덕분입니다." 어금니를 악물고 내가 만들어놓은 결과를 잘 포장해서 마치 팀원들이 해낸 것처럼 주도권을 넘겨주고, 그들이 혹여 실수하거나 방향을 잃을 때는 뒤에서 조용히 길을 터주고 문제를 해결해주어야 한다. 그리고 마침내 일이 잘 마무리되면 "다 너희가 잘한 덕분이다! 오늘 내가 한턱 쏜다! 가서 맛있는 거 먹자. 정말 대단하다, 우리 팀!"이라고 외쳐야 한다. 그리고 슬쩍 대표님 방에 들어가서는 "회장님, 저희 팀 팀장이 정말 대단합니다. 이 어려운 걸 결국 해내네요. 어떻게 이런 인재가 우리 회사에 있는지 모르겠습니다."라고 말해야 한다. 그게 바로 '어시스트의 아름다움'이다.

그렇게 한번 참고 곱씹어서 내뱉은 말에 대한 진짜 대가는 바로 내 주변에 있는 '사람들'이다. "상무님과 함께 일하고 싶습니다.", "언제든 불러주시면 달려가겠습니다.", "혹시 독립하시면 꼭 저를 데려가주십시오."라고 말하는 사람들. 그들이 결국 나의 가장 든든한 인맥이 되고, 나의 보이지 않는 실력이 된다.

공을 차고 싶은 순간 멋지게 패스하는 것. 그게 리더의 마음가짐이다. 내가 만든 기회가 팀원의 골로 이어지는 순간. 그게 바로 리더의 진짜 승리다. 그리고 내가 직접 골을 넣지 않아도 팀원들이 나와 함께 뛰고 싶어 한다면, 그게 리더의 진짜 성공이다.

우리의 찬란한 완주를 위하여

부하 직원의 퇴사에

질척거리지 않으려면

"팀장님, 잠시 이야기 좀……"

팀장 배지를 처음 달았던 그 순간부터 지금까지, 부하 직원의 이 "잠시 이야기" 호출은 등골을 오싹하게 만든다. 대부분 뭔가 '일'이 터졌다는 신호이기 때문이다. 잠시 눈을 돌려 시계를 봤다. 오후 3시 12분. 애매한 시간대다. 딱히 결재 올릴 건 없고, 그럼 이건 백이면 백 퇴사 통보다. 눈앞이 깜깜해진다. 이 직원은 한 해 동안 조직의 에이스 역할을 했기 때문이다.

고객 대면이 필수고 매출 목표와 직결된 영업 조직의 핵심

인재가 느닷없이 퇴사를 선언하면 이는 팀 전체의 역량과 성과에 영향을 미친다. 당황스러움, 배신감, 그리고 '이제 어떻게 하지?'라는 패닉이 동시에 몰려온다. '하필 왜 이 타이밍에?' 원망스럽기까지 하다. 그럼 일단 붙잡고 싶어진다. 일을 못하는 직원이면 "그래, 더 좋은 기회가 있구나. 가서 잘하렴." 하고 보내겠는데, 일을 잘하면 잘할수록 곱게 보내주기가 힘들다. 솔직히 자존심이고 뭐고 다 팽개치고 붙잡으면서 매달리고 싶다. 내가 연애도 이렇게 절절매면서 안 해봤는데 말이다.

하지만 냉정하게 생각해보자. 나간다는 직원은 이미 결정하고 온 거다. 이직 면접 보고, 합격 통지 받고, 출근일 정해놓고, 상사인 나에게 와서 그 과정을 '통보'하는 거다. 그러니 쿨하게 보내줘야 한다. 힘들더라도.

하지만 쿨하지 못해서 미안해

퇴사를 결심한 직원이 가장 먼저 그 뜻을 전하는 대상은 직속 상사다. 하지만 상사로서는 솔직히 쿨해지기 힘들다. 일단 막아야겠다는 방어기제가 먼저 튀어나오기 때문이다. 이럴 때 상사들이 하는 말은 주로 이 세 가지다.

1. '어디 가는데?'형: 어디로 이직하는지 꼬치꼬치 물어보며 "거기도 별거 없어. 우리 회사만 한 데 없다. 너 거기 간다고 뭐가 달라질 것 같아?"라는 식으로 직원이 이직할 회사를 깎아내린다. 어제까지 같이 회사 욕을 한 바가지 했으면서 갑자기 애사심 넘치는 회사의 수호자로 돌변하는 유형이다.

2. '지금은 때가 아니다'형: 연말이면 "인센티브는 받고 가야지, 누가 이 애매한 시점에 나가니?", 연초면 "올해 회사 비전이 얼마나 좋은데, 조금만 더 있어보지.", 연중이면 "프로젝트 중간에 빠지면 어떡하니." 등 언제나 지금은 시기가 안 좋다고 말한다.

3. '내가 너를 어떻게 키웠는데……'형: 배신감과 서운함을 무기로 감정에 호소하는 유형이다. 물론 함께했던 시간과 노력에 대한 인간적인 아쉬움은 충분히 이해할 수 있지만, 부하 직원의 입장에서는 지금까지의 관계에 부담을 주는 발언이다.

당연히 떠나겠다는 사람을 이렇게 붙잡으면 안 된다. 직원은 누군가에 의해 '키워지는' 수동적인 존재가 아니라, 스스로의 의지와 노력으로 성장하는 주체적인 존재이기 때문이다. 하지만 붙잡을 수밖에 없는 상사의 마음도 이해한다. 팀원이 빠지면 당장 상사의 일감이 늘어나기 때문이다. 당장 프로젝트 리딩, 클라이언트 커뮤니케이션, 팀 관리…… 다 차질이 생긴다. 후임이 오더라도, 그 사람의 생산성이 안정되기까지는 반년 이상 걸린다. 심지어 어떤 프로젝트는 아예 포기해야 할 수도 있다.

이건 마치 주방장이 그만둔다는 식당과 같다. 정작 사장은 달걀프라이 하나 못 부치는데 메인 셰프가 앞치마를 벗는다는 격이다. 그럼 그 가게는 사실상 '오늘까지만 영업합니다.' 간판 내걸어야 한다. 마찬가지로 상사가 팀의 핵심 역량을 제대로 파악하지 못하거나, 그 역량을 가진 직원이 사라졌을 때 대안이 없다면? 무릎이라도 꿇고 잡아야 하는 상황이 연출되는 것이다.

그렇다면 유능한 직원은 왜 조직을 떠나기로 결심하는 것일까? 단순히 더 나은 연봉이나 복지 조건 때문만은 아니다.

유능할수록 자신의 역량을 충분히 발휘하고, 지속적으로 성장할 수 있는 환경을 중요하게 생각한다. 이런 직원은 상사가 자신의 업무 전문성을 인정하고, 성장을 위한 실질적인 조언과 지원을 제공하며, 성과에 대해 공정한 평가와 보상을 해줄 때 조직에 대한 신뢰와 만족감을 느낀다. 그 반대의 경우에는 '이곳에서는 더 이상 배울 것이 없다.'거나, '나의 가치를 제대로 인정받지 못하고 있다.'고 판단하고 새로운 기회를 찾아 떠나는 것이다.

어떻게 이렇게 잘 아냐고? 나도 그랬기 때문이다. 더 이상 여기서 내가 성장할 수 없다고 판단되면 미련 없이 떠났다. 당장의 안락함에 빠져 이 회사에 머무르기에는 내 시간이 아까웠다. 앞으로의 인생에서 일할 수 있는 시간은 한정되어 있는데, 계속 성장하지 않으면 어느새 도태되기 때문이다.

결국 부하 직원의 퇴사에 흔들리지 않고 의연하게 대처하기 위해서는 상사 자신이 '실력 있는 식당 주인'이어야 한다. 뛰어난 주방장이 있어 그에게 많은 부분을 위임하더라도, 주인 스스로 음식과 경영에 대한 깊은 이해와 철학이 있다면, 예기치 않은 상황에도 유연하게 대처하며 식당을 안정적으로 운영해나갈 수 있다. 마찬가지로 상사는 직원의 업무를 표면적으로 아는 것을 넘어 그 본질과 과정까지 깊이 있게 이해하려는 노력이 필요하다. 그래야 건설적인 지시와 문제 해결이 가능하다. 그리고 미리 새로운 인재를 발굴하고, 원활한 인수인계를 통해 조직의 연속성을 확보하는 것 또한 상사의 중요한 역량이다.

떠남이 아름다운 조직 문화를 만들기 위해

몇 년 전, 우리 본부에서 그야말로 '미친 화력'을 자랑하던 팀장이 퇴사를 알렸다. 개인 사업을 하겠단다. 더 많은 돈을 벌 수 있을 것 같다는 솔직한 이유였다. 당장 머리가 복잡했지만 일단 그의 퇴사 사유와 사업 계획을 차분히 경청했다. 솔직히 다 맞는 말이었다. 그가 지적한 회사의 한계는 내가 당장 해결해줄 수 없는 구조적인 문제였고, 그의 사업 아이템은 객관적으로 봐도 성공 가능성이 높아 보였다. 당장 우리 팀의 손실은 예상되지만 그의 선택을 지지하는 것이 옳다고 판단했다. 그러자 그는 진심으로 놀라면서 고마워했다. 다른 상사들처럼 만류하거나 지키기 어려운 약속을 하기보다, 자신의 입장을 이해해준 데 대한 감사였다.

물론 그 뒤는, 솔직히 죽을 맛이었다. 핵심 인력이던 그가 담당하던 굵직한 프로젝트들을 나눠 맡아야 했고, 팀장이던 그의 빈자리는 고스란히 내 몫으로 돌아왔다. 프로젝트 리딩부터 팀 관리까지, 그야말로 눈코 뜰 새 없는 6개월을 보냈다. 입에서 험한 말이 절로 튀어나올 정도였다. '멋진 본부장님' 소리 한번 듣고 으쓱했던 대가는 혹독했다.

하지만 이 '사건' 이후 우리 본부에는 한 가지 확실한 문화가 생겼다. 퇴사를 협상의 수단으로 삼지 않는 문화다. '내가 나간다고 하면 잡아주겠지.' 혹은 '조건 올려달라고 퇴사 카드 한번 써볼까?' 하는 식의 '밀당'이 아예 없어진 것이다. 퇴사는 퇴사다. 회사와 내가 맞지 않고 그 간극을 메우려 노력했지만 도저히 방법이 없다고 판단될 때 던지는 마지막 카드여야 하고, 정말로 개인의 성장과 새로운 도전을 위한 진지한 고민의 결과여야 한다. 이는 연인과의 이별과 마찬가지다. 이별로 '밀당' 하면 안 되듯이 퇴사도 마찬가지여야 한다.

상사는 직원의 퇴사 이유를 정확히 파악하고, 그것이 조직 내에서 해결 가능한 문제라면 개선하려 노력해야 한다. 그랬는데도 직원의 결심이 확고하다면? 그때는 깔끔하게 보내줘야 한다. 직원의 결정은 존중받아야 한다. "나가서 꼭 성공해라. 더 멋진 모습으로 다시 만나자!" 진심으로 축복해주는 것이 상사이자 선배로서 할 수 있는 마지막이자 최선이다.

그렇게 떠나보낸 직원들은 지금 유수의 기업에서 임원, 팀장으로 훨훨 날고 있다. 개인 사업을 시작해 잘나가는 사장님이 되기도 했다. 가끔 연말이면 미국에서, 유럽에서 안부 카드를 보내오기도 한다. "그때 정말 감사했습니다. 저의 롤모델은 상무님이에요." 이럴 때 리더로서 큰 보람을 느낀다. 물론 그가 모르는 사실이 있다. 그가 떠난 뒤, 내가 속으로 얼마나 험한 말을 많이 했는지…… 이건 영원히 비밀로 해야 할 것 같다.

우리의 찬란한 완주를 위하여

나는

쿨해질 수 있을까

'어, 다들 어디 갔지?'

목요일 오후, 상무로 승진한 지 한 달쯤 되었을 때다. 늘 이 시간쯤이면 차 한잔 나눴던 얼굴들이 보이지 않았다. 대수롭지 않게 여겼다. 갑자기 바쁜 일이 생겼겠지. 전화를 걸었다. 팀장 셋, 아무도 받지 않았다. 팀원 다섯, 누구는 안 받고, 누구는 바로 끊었다.

사실 이쯤에서 멈췄어야 했는데, 그땐 그걸 몰랐다. 고개를 갸웃거리며 다시 팀장들에게 전화를 돌렸고, 가장 오래 함께 일한 팀장이 마침내 전화를 받았다. "상무님! 지금 저희 회사

앞 카페인데, 오세요! 아까 전화를 못 받았어요. 죄송해요." 다들 같이 있다는 거였다. 아, 별일 아니었나 보다. 그런데 생각하면 할수록 찜찜했다.

여기서 정말, 진짜 그만뒀어야 했는데. 나는 결국 스무 해 가까이 알고 지낸, 심지어 대학 선배이기도 한 팀장에게 묻고야 말았다. "부장님, 아니 언니. 좀 전에 다 같이 일부러 내 전화 안 받은 거야?" 아, 그걸 왜 물었을까. 그 대답을 왜 듣고 싶었을까.

그 주 금요일 저녁, 나는 30년 지기들을 만나 '목요일 왕따 사건'의 전말을 늘어놓으며 하소연했다. "야, 내가 뭘 그렇게 잘못했냐! 왜 나만 빼고 가냐고! 내 전화는 왜 안 받아! 가면 내가 돈도 다 낼 텐데!"

그러자 그중 방송작가인 친구가 말했다. "너는 개구리 올챙이 적 생각을 못 하는구나." 그 말을 듣고 보니 그랬다. 나 역시 점심시간에 상사나 선배를 피해 막내들끼리 회사에서 멀리 떨어진 식당에서 밥을 먹던 시절이 있었다. 그 밥 한 끼가 얼마나 꿀맛이었는지. 그거 안 들키려고 또 얼마나 눈치를 봤고. 상사가 싫어서라기보다 그냥 밥 한 끼 마음 편하게 먹고 싶은 거였다.

  그 순간, 망치로 한 대 얻어맞은 기분이었다. 실무자와 함께 호흡하고 현장을 장악하는 것이 임원의 가장 중요한 덕목이라 철석같이 믿어온 나의 '중소기업 임원 마인드'는 직원들의 입장을 배려 못 한 오만이었다. '직원들과의 적절한 거리 설정'은 전혀 다른 차원의 문제인데 말이다. 그러니 '그 정도 왕따'는 오히려 세련된 거리 두기였다.

우린 같은 방향을 바라보지만, 앉아 있는 위치는 다르다

실무자와 함께 어깨를 나란히 하는 것과 리더가 팀원들과 가까운 것은, 비슷해 보여도 전혀 다른 이야기다. 매출을 보는 시선, 인력을 보는 시선, 성과를 보는 시선은 리더와 팀원이 같을 수가 없다. 만약 같다면 누군가는 자기 역할을 놓치고 있는 것이다. 그러므로 평소 같은 안건에 대해서도 서로 다른 의견을 가질 수밖에 없고, 그 차이가 때로는 서로에게 불편함으로 작용할 수 있다.

리더가 입을 열면 직원들이 대부분 조용히 듣고만 있는 건 그 이야기가 재미없거나, 무슨 말인지 모르겠거나, 혹은 알아도 별로 듣고 싶지 않아서일 확률이 높다. 예를 들어, 신규 프로젝트가 리더에게는 팀의 입지를 넓히고 시장 경쟁력을 높일 기회처럼 보인다 해도, 팀원에게는 '성가시고, 귀찮고, 결과도 불확실한 골칫거리'일 수 있다. 좀 전까지 동료들과 "저거 완전 쓸데없는 짓"이라고 실컷 뒷담화를 하고 들어온 신규 프로젝트에 대해, 리더가 갑자기 "이 프로젝트가 얼마나 대단하고, 회사와 팀 그리고 바로 너희에게 얼마나 큰 도움이 되는지 아느냐!"고 열변을 토한들, 그게 감동적일 리 만무하지 않은가. 그래서 리더가 해야 할 중요한 일 중 하나가 바로 회사의 변화 방향을 읽고, 그 의미를 구성원들이 이해하기 쉽게 전달하는 것이다.

회사의 정책을 구성원에게 전달하는 리더의 가장 흔한, 그리고 바람직하지 못한 유형은 대략 세 가지로 나뉜다.

1. **'나 몰라'형**: 회피하는 유형이다. 소식을 최대한 늦게 전달하거나 아예 안 해서, 결국 주변에서 전해 들은 직원이 임원

에게 "이런 이야기가 있던데, 어떻게 된 건가요?"라고 묻게 만든다.

2. '까라면 까'형: "원래 조직이 다 그런 거야. 그냥 시키면 해."라며 일방적으로 하달하는 유형이다.

3. '나도 할 만큼 했어'형: "내가 회의 때 얼마나 반대했는데, 어쩔 수 없었어. 그냥 받아들이자."라며 책임은 회피하고 생색만 내는 유형이다.

만약 회사의 신규 프로젝트가 우리 본부에 떨어졌을 때, 과연 어떻게 팀을 이끌고 동기부여를 할 것인가? 생판 모르는 영역에다 성공한다는 보장도 없는데, 팀장들에게 뭐라고 하면서 이 프로젝트를 끌고 가야 할까? 이때 "까라면 까!"라는 조직의 정언명령을 전달하고, 한술 더 떠 "나도 어쩔 수 없어, 위에서 시키니까 하는 거지 뭐."라고 덧붙인 다음, "자, 다 같이 나가서 소주나 한잔하자!"로 마무리한다면? 축하한다. 리더로서 당신의 점수는 오늘부로 5,000점 정도 시원하게 깎였다고 보면 된다.

이러한 방식들은 모두 건강한 소통이라고 보기 어렵다. 물론 사안의 민감도나 중요도에 따라 정보를 공개하는 범주는 차등을 두는 것이 맞다. 하지만 직원들이 의사결정의 배경을 충분히 이해하고, 변화하는 상황 속에서 각자의 역할을 주도적으로 설정하여 회사에 기여할 수 있도록 하려면, '왜Why, 무엇을What, 어떻게How, 언제까지When, 어디에서Where' 해야 하는지에 대한 기본적인 정보는 반드시 투명하게 전달해야 한다.

그리고 리더는 구성원의 질문에 성실히 답하고, 왜 이 일이 필요한지 충분히 설명하며, 그들이 각자 꿈꾸는 커리어 목표에 현재의 변화가 어떤 영향을 미칠지 함께 고민하고 분석해줘야 한다. 그 과정에서 도출된 프로젝트의 문제점이나 개선 방안은 다시 경영진과 논의해서 완성도를 높이는 데 기여해야 한다. 이런 역할을 하라고 리더가 존재하는 것이다.

그래서 이제는 안다. 목요일 오후에 카페에 갈 때 나한테 굳이 이야기하지 않아도 괜찮다. 화요일 점심에 나를 피해 저 멀리 맛집 탐방을 떠나도 서운하지 않다. 금요일 저녁 술자리에 나만 쏙 빼놓고 그들만의 비밀 회동을 가져도 이제는 웃어넘길 수 있다.

하지만 반드시 함께 논의하고 공유해야 할 영역은 분명히 존재한다. 회사의 중요한 정책 변화, 그 변화에 따라 회사가 나아가는 방향, 그리고 그 상황에 대한 우리의 올바른 자세와 나의 생각. 더 나아가 회사에 반드시 전달해야 할 현장의 목소리, 개선점과 우려 사항 같은 것들 말이다. 이런 사안들은 직급을 막론하고 함께 머리를 맞대고 논의해야 한다. 우리는 다른 곳에 앉아 있지만 같은 곳을 바라봐야 하기 때문이다.

이제 커피타임에 처음 따돌림 아닌 따돌림을 당했던 그날에서 10년이 지났다. 이제는 팀원들이 카페에 간다고 하면, 선뜻 내 카드를 내민다.

"가서 맛있는 거 마시고 와. 케이크도 꼭 먹고. 대신 하반기 전략 변경된 거 논의해야 하니까, 들어와서 바로 미팅하자."

'꼰대' 소리 안 듣고, '쿨한' 상사가 되는 길은 아마도 이런 '적당한 거리'와 '명확한 역할 인지'에서 시작되는 것이 아닐까. 오늘도 나는 스스로에게 묻는다. "나는 과연 쿨해질 수 있을까?" 직원들의 평가는 모르겠다. 하지만 나는 노력 중이다. 아주 열심히.

다 좋아요,

지하 식당만 빼고

리더의 자리에 섰을 때 겪는 가장 큰 변화 중 하나는, 사람들이 끊임없이 나에게 '메뉴 선정권'을 넘긴다는 것이다. 문제는 나는 입이 극도로 짧고 입맛은 거의 초등학생 수준이다. 가장 좋아하는 메뉴를 물어보면 망설임 없이 떡볶이를 꼽지만, 그나마도 '아, 오늘따라 미치도록 먹고 싶다!' 이런 간절함은 거의 느껴본 적이 없다. 이렇게 먹고 싶은 게 별로 없는 나에게 메뉴 고르기는 정말 어려운 숙제다. 솔직히 메뉴 고민할 시간에 자료 한 장을 더 읽는 게 낫다. 그러다 보니 점심시간에 팀원들이 "뭐 드시고 싶으세요?"라고 물어오면 나의 대답은 늘 한결같다. "가까운 곳!"

그러던 어느 날, 회사 지하에 거의 한 층을 통째로 쓰는 거대한 술집이 생겼는데, 점심에는 '한식 뷔페'를 한다는 전단지가 사무실로 날아들었다. 한 끼에 7,000원, 식권 10장을 사면 1장을 덤으로 준다니, 당시 회사 근처 점심값을 생각하면 꽤 반가운 조건이었다. 냉큼 11장의 식권을 구매하고 나니 세상 편할 수가 없었다. 메뉴를 고민할 필요가 없으니 말이다. 그때부터 "어디 가실래요?" 혹은 "뭐 드시겠어요?"라는 질문을 받으면 나의 레퍼토리는 정해져 있었다.

"아, 지하 식당 어때? 아까 누가 삼계탕 먹고 싶다고 했지? 지하 뷔페에 아마 닭요리 하나쯤은 있지 않을까? 한식 뷔페니까."

"갑자기 떡볶이가 당기네. 그냥 지하 가자. 거기도 떡볶이 나오더라."

다행히 직원들도 지리적 편리함과 그럭저럭 나쁘지 않은 맛 때문인지, 딱히 불만 없이 잘 따르는 '눈치'였다. 어디까지나 내 눈에는 말이다.

하루는 나와 가장 오랜 시간을 함께한 신팀장과 외근 후

복귀하는 길이었다. 점심시간이 살짝 지나 간단히 요기를 하고 들어가야 할 상황이었다. 내가 "팀장님, 뭐 먹고 들어갈까요? 어디가 좋겠어요?"라고 묻자, 그녀가 심호흡을 한 번 하더니 대답했다. "다 좋은데요, 지하 식당만 빼고요."

그렇다. 지하 식당은 내가 가니까 사람들이 '따라와주는' 것이지, 사실 다들 그 어두침침한 지하 뷔페를 그다지 선호하지 않는다는 충격적인 진실을 그날 처음 알게 된 것이다. 누가 귀한 점심 한 끼를 지하 술집에서 한 접시에 이것저것 담아 먹는 뷔페로 때우고 싶겠냐는 거다. 내가 그토록 찬양했던 '라면 무제한' 코너도, 점심에 라면을 먹으면 오후 내내 졸려서 일 못 한다고 아우성이었단다. 그때 나의 심정이라니. '아니, 말을 하지 그랬어! 분명히 다들 좋다고 했잖아!'

리더가 사용하는 세 가지 힘

리더가 문제 해결을 위해 사용하는 힘에는 크게 세 가지가 있다. 사람마다 주로 사용하는 파워가 다르다.

우리의 찬란한 완주를 위하여

1. 계급장 권력 Position Power: "너 내가 누군지 알아?" 자신의 직급으로 상황을 통제하는 힘이다. "나 팀장이니까 시키는 대로 해."라는 식의 접근법이다. 가장 낮은 수준의 권력이다.

2. 지식 권력 Knowledge Power: "내가 하라는 대로 하면 돼." 자신의 지식과 경험으로 문제를 해결하는 방식이다. 자신이 알고 있는 것을 바탕으로 지시하고 해결책을 제시한다. 나름의 전문성은 있어 보이지만, 일방적일 수 있다.

3. 네트워크 권력 Network Power: "내가 거기 누구 알거든." 필요한 정보와 인맥을 활용해 문제를 해결하는 힘이다. "내가 아는 사람이 있으니 연결해줄게."라며 문제 해결의 실마리를 제공한다.

여기서 가장 낮은 수준의 파워가 1번이고, 가장 높은 수준이 3번이다. 찍어 누르느냐, 일방적으로 지시하느냐, 아니면 문제 해결의 '솔루션'을 가져다주느냐의 차이다. 당연히 높은 수준의 파워를 구사할수록 팀원들의 자발적인 지지와 존경을 받는다. 나는 그놈의 지하 식당을 선택할 때, 나도 모르게 가장 낮은 수준의 '계급장 권력'를 휘두르고 있었던 셈이다.

'아, 이래서 다들 내 눈치만 보고 있었구나!'

이건 남녀노소 가릴 것 없이 많은 리더가 저지르는 실수다. 나 역시 리더가 아닐 때 누군가의 손주 자랑을 별 흥미가 없는데도 경청해야 했던 순간이 있다. 남성 임원들이 자기 자식 자랑을 시작하면 그 서사는 거의 대하드라마급이다. 얼마나 완벽한 자제분들을 두셨는지, 사모님들은 또 어쩜 그리 재테크의 신들이신지, 듣다 보면 여기가 회사인지 상류층 사교클럽인지 헷갈릴 지경이다. 이런 계급장 권력은 스스로 깨닫기 힘든데다 직원들이 말을 꺼내기도 힘들기 때문에, 리더는 늘 자신의 이야기가 상대방에게 어떻게 들릴지 헤아려봐야 한다.

진정한 리더십은 문제 해결 근육에서 나온다

그럼 가장 낮은 수준의 파워를 내려놓고 좀 더 수준을 높이려면 어떻게 해야 할까? 예전에 새로운 프로젝트를 시작하자마자 정부 주도의 데이터 신사업을 연계해야 하는 상황에 맞닥뜨린 적이 있었다. 전 본부가 막막해했다. 마침 내가 국가정책사업을 다루던 온라인 마케팅 회사 출신이었기에, 기존 기획서를 찾아 팀장들에게 전달하고 이전 회사 정보전략 사업본부장에게 연락했다. 미팅을 잡아 조언을 받고, 마이데이터 사업 준비 회사들의 담당자 커뮤니티도 소개받았다.

프로젝트가 끝난 후에도 이 인맥과 정보는 본부 전체의 자산이 되었다. 결과보다 과정에서 새 정보를 습득하고 새 커뮤니티에 진입한 것이 더 중요할 정도였다. 팀원들은 이 경험을 통해 자신들의 '경험 자산'이 늘었다고 생각했다. 이것은 '지식 권력'과 '네트워크 권력'을 동시에 활용한 사례다.

물론 아무리 리더여도 없던 능력이 단숨에 '뿅' 하고 나타나진 않는다. 이런 문제 해결 능력은 평소에 근육처럼 키워놓아야 한다.

1. 새로운 용어 습득하기

새롭게 배워야 하는 개념이 있으면 유튜브와 SNS에 키워드 알람을 설정하자. 콘텐츠 크리에이터들이 새로운 소식을 전해준다. 재생속도 2배에 자막 처리하고 자기 전 10분만 투자해도 충분하다. 그리고 적절한 순간에 전문용어를 사용하면 신뢰와 권위가 생긴다.

2. 커뮤니티 가입하기

비슷한 영역의 사람들이 하는 업무를 파악하고 그들의 커뮤니티에 가입하자. 시간이 없으면 온라인 커뮤니티나 SNS만으로도 충분하다. 국내는 네이버 블로그나 블라인드, 해외는 링크드인 키워드 검색이 효과적이다.

3. 새로운 전문가에게 연락하기

새로운 전문가에게 연락하는 것을 두려워하지 말아야 한다. 필요할 때는 전문가에게 쿨하게 메시지를 보내자. "이 분야에 대해 궁금한 게 있는데, 미팅 한번 가능할까요?" 그럼 대부분 연락이 온다. 도움을 주는 게 즐거워서가 아니라 그것이 그들의 일이고, 영향력을 확대할 기회로 여기기 때문이다. 핵심은 평소에 1, 2번과 같은 노력을 통해 꾸준히 자신의 역량을 가꾸어나가야, 3번과 같은 상황에서 즉각적으로 관계의 힘을 발휘할 수 있다는 점이다. 내가 특정 산업에서만 오랫동안 일했다고 해도, 이러한 방법을 통해 얼마든지 새로운 분야의 전문가들과 소중한 인연을 맺을 수 있다.

4. 내부 관계를 탄탄히 쌓아두기

회사 일은 절대 혼자 못 한다. 10명만 넘어가도 '관련 부서 합의'가 필요하다. 일을 잘해서 많은 업무에 개입될수록 "사전에 이야기 왜 안 했느냐"는 말을 들을 확률도 높아진다. 그럴 때마다 연락해 원만하게 이야기를 나눌 수 있는 내부 관계를 평소에 만들어두어야 한다. 사실 대외적 관계보다 내부 관계가 더 어렵다. 누군가는 매일 방문해 차 한잔 마셔야 하고, 누군가는 요청에 도움을 주어야 하며, 누군가는 '내 편'임을 확실히 해줘야 한다. 문제 상황에서 논리나 원칙만으로 문제를 해결하려 하기보다는, 평소에 쌓아둔 신뢰 관계를 바탕으로 부드럽게 소통하고 협력을 이끌어내는 지혜가 필요하다. 회사는 법원이 아니고 나는 검사가 아니다. 내 논리와 근거가 항상 상대방의 마음을 움직이는 것은 아니다.

힘 있는 리더의 화법

리더가 '계급장 권력'을 남용하면, 직원들은 진심을 말하지 않는다. "상무님이 가자니까요." "본부장님이 하라니까요." 이런 말이 들리면, 이미 그 리더의 화법은 '찍어 누르기'라고 할 수 있다. 리더는 "나는 이렇지만, 너희는 어때?"라고 물어보고 대답을 경청할 수 있어야 한다.

그리고 '지식 권력'을 사용할 때도 내 경험을 강요하지 말고 '팁'처럼 던져야 한다. "이건 내가 예전에 해봤던 건데, 이런 식으로 접근하면 어때?"라는 식으로, 직원들이 스스로 방법을 찾게끔 가볍게 방향만 제시하는 것이 좋다.

'네트워크 권력'은 직원들에게 큰 자산이 된다. "이 분야 전문가가 있는데, 한번 만나볼래?" "내가 아는 커뮤니티가 있어. 같이 들어가볼까?" 이때 주의해야 할 점은 인맥을 자랑하는 것이 아니라 연결고리를 만들어주는 역할이어야 한다는 것이다. 직원들이 스스로 성장할 수 있는 기회를 던져주는 것이다.

결국 어떤 힘을 주로 사용할지는 리더 스스로 판단하고 그 결과에 책임을 져야 할 문제다. 다만 직위로 상대를 일방적으로 찍어 누르려는 리더를 진심으로 따르는 구성원은 없다는 사실은 분명하다. 마치 매장에서 직원을 함부로 대하는 손님처럼, 권위적인 리더의 모습은 결코 아름답지 않다. 리더의 진정한 힘은 직위가 아니라, 문제를 함께 해결하고 팀원들의 성장을 돕는 매력적이고 따뜻한 소통 능력에서 나오기 때문이다.

전무님, 정말

구두 벗어서 술 마셨어요?

바야흐로 20여 년 전, 국내 최고 학부에 미국 석박사 타이틀까지 거머쥔 한 여성 임원이 대기업 H사에 혜성처럼 등장했을 때, 미디어는 온통 그녀 이야기로 떠들썩했다. 대한민국에서 가장 보수적이고 가장 남성 중심적이라는 기업의, 그것도 최첨단 기술을 다루는 신규 사업부에 '여성 임원'이라니! 그 시절엔 가히 '사건'에 가까운 뉴스였다. 비록 신규 사업이 좌초되며 1년 반 만에 퇴사했지만, 그녀는 짧은 기간 뚜렷한 족적을 남기며 세간의 관심을 받았다.

그런 그녀를 만났을 때, 나는 대뜸 이렇게 물었다.

"전무님, 근데 진짜 그 회사, 구두 벗어서 술 따라 마시고 그래요?"

내 뜬금없는 질문에 그녀는 잠시 웃었다. 그런 시절이었다. 당시 회장님의 특명으로 시작된 신사업이라 모두가 어쩔 수 없이 끌고 가야 했지만, '듣도 보도 못한 젊은 여자 임원, 그것도 외부 채용'이라는 존재에 대한 내부의 시선은 곱지 않았다고 한다. 결국 입사 초, 세 번의 술자리에서 참석자들의 구두에 술을 부어 돌려 마시는, 그야말로 황당무계한 신고식을 치르고 마지막에는 응급실에 실려 가고 나서야 비로소 '우리 편'으로 인정받았단다. 그제야 그 '우리 편'은 그녀의 신사업을 적극 '지원'하기 시작했고, 퇴사하는 날까지 그녀는 순항할 수 있었다.

지금 젊은 여자들에게는 무슨 조선시대 이야기처럼 느껴지겠지만, 구두에 술 부어 마신 때는 이제 막 밀레니엄이 시작된 시기였다. 달력상으로는 21세기였지만 여성의 달력은 아직도 조선시대나 마찬가지였던 셈이다.

멀리 갈 것도 없이 불과 몇 년 전만 해도 회식 끝나고 "다들 조심해서 들어가!"라고 외치던 부장이 뜬금없이 "어, 김

대리는 조심할 필요 없잖아. 얼굴이 무기니까!" 같은 말을 던져도 다들 와하하 웃어넘기던 시절이었다. 혹은 부서 회식이랍시고 우르르 보신탕집에 몰려가서 "김대리는 보신탕 못 먹지? 이게 남자한테 정말 좋은데 말이야. 보여줄 수도 없고 말이야."라며 능글맞게 웃어 보여도 뭐라고 대꾸도 못 하던 시절이었다. 만약 그런 말을 듣고 기분 나쁜 티를 내면 오히려 '예민하고 까칠한 여자' 취급을 받았기 때문이다. 그 시절 여성 직장인이면 이런 '웃픈' 기억 한둘쯤은 다들 있을 것이다.

그 전무님이 여성 임원이 된 지 10년 뒤에, 내가 임원이 되었을 때도 상황은 비슷했다. 맞이한 첫 인사말은 "대표랑 무슨 사이세요?"였다. 입사 환영이 밑도 끝도 없는 대표와의 스캔들 프레임이라니. 앞으로의 조직생활에 꿈도 희망도 없을 것이 눈에 훤했다. 나중에는 나에 대해 '이혼해서 돈이 급해서 들어온 여자'라는 슬픈 서사 버전까지 돌았다.

오죽했으면 하루는 작정하고 그 소문의 진원지인 임원에게 퇴근길에 집까지 데려다달라고 부탁했다, 소위 '강남 사는, 멀쩡히 남편 있고 자식 있는 여자'라는 사실이 증명되고 나서야 그 지긋지긋한 루머에서 겨우 벗어날 수 있었다.

우리의 찬란한 완주를 위하여

그들의 사정은 무엇인가

왜 이런 일들이 유독 여성, 특히 조직 내 소수인 여성 임원에게 더 가혹하게 벌어지는 걸까? 남성 임원이 새로 부임하면 사람들은 "누구 라인이냐?"를 궁금해한다. 반면 여성 임원이 등장하면 "누가 밀어준 거냐?"라는 질문이 먼저 나온다. 이 미묘한 차이가 핵심이다. 전자는 능동적으로 라인을 '탄' 것으로 보고, 후자는 누군가의 후광으로 그 자리에 '올려진' 수동적 존재로 보는 무의식이 깔려 있기 때문이다. 대기업이건 중소기업이건, 신사업이건 20년 된 사업이건, 여성이 임원이 되면 '능력이 뛰어나서 왔겠지.'보다는 '어쩌다 우리 옆에?'라는 의구심 어린 시선에 먼저 직면할 가능성이 높다.

여기에 분노하라고 이 글을 쓰는 것이 아니다. 그들이 그러는 이유를 한번 생각해보자는 거다. 그렇다고 그들에게 별 대단한 사정이 있는 것은 아니지만. 그저 여성 임원의 존재가 '자신들과 다르기' 때문이다. 이는 성차별 이전에 '다름'에 대한 인간의 본능적 거부감이다.

남성이 절대다수인 임원진에 여성 임원이 불쑥 나타났을

때, 아무런 '통과의례' 없이 그녀를 동등한 동료로 받아들이기란 그들에게 꽤 어려운 미션인 모양이다. 대부분의 기업 환경이 여전히 남성 중심으로 운영되고 있는 현실을 고려할 때, 여성 리더들은 더 많은 심리적·관계적 장벽에 부딪히게 된다. 정부의 여성 임원 할당제나 기업의 보여주기식 이미지 제고를 위한 노력이 없다면, 임원진은 여전히 남성 일색일 가능성이 높다. 기존 남성 임원들에게는 그게 익숙하고 편하기 때문이다. 일 시키기도, 위계질서 확립하기도, 내 편 네 편 가르기도 훨씬 수월하다.

만약 40대 남성 팀장이 입사했다면, 남성 임원들은 밤낮으로 그를 불러내 같은 학교 출신인지, 업무 유관성은 어떤지 온갖 '간'을 보고, 술자리나 담배 타임을 통해 자기편으로 끌어들일지 말지를 결정할 것이다. 이게 남성 직장인들의 정치적 행동이다.

이런 상황에서 여성 임원의 등장은 그들에게 일종의 '시스템 에러'다. '이 사람이랑 어떻게 친해져야 하지? 어떻게 같이 일해야 하는 거지?'에 대한 매뉴얼이 전무하거나, 있다 해도 과거에 잠깐 스쳐 지나갔던 '성격 이상한 여성 임원 한 명의

예' 정도가 전부일 가능성이 크다. 절대적으로 여성 임원 수가 적다 보니, 단 한 명의 부정적 사례가 '여성 임원은 다 저래.'라는 성급한 일반화로 이어지기 쉽다. 충분한 수의 다양한 사례가 축적되어야, 그 집단의 보편적인 유형과 긍정적 이미지가 형성될 텐데, 아직 여성 임원은 언론에 가끔 등장할 정도로 희귀한 존재이다 보니 벌어지는 현상이다. 결국 이들 남성에겐 '여성 임원이랑은 이렇게 일해야 한다.'는 가이드라인이 부재하다. 잘 모르겠으니 일단 공격하거나 따돌리는 것이다. 마치 닭장에 다른 색의 병아리가 들어오면 쪼아서 쫓아내는 병아리떼 같다고 생각하면 된다.

루머 공격에 대응하는 법

이들의 가장 1차원적인 공격은 바로 앞에서 언급한 "대표랑 무슨 사이세요?"다. 여성 임원을 둘러싼 뜬소문은 거의 '필수 통과의례'처럼 작동한다. 시작은 남녀관계, 이후 금전관계, 전 직장 평판조회까지 탈탈 털어 부정적인 스토리를 만들어낸다. 만약 건질 만한 게 없다면? 현재 회사에서 집 방향이 비슷하다는 이유만으로 "그 사람이랑 그렇고 그런 사이래."라며 누군가와 엮어버린다. 이러한 소문은 결국 '업무 역량 부족'이라는 프레임으로 귀결되곤 한다. "이 일은 그 사람이 하던 거랑 달라서 전문성이 부족해.", "우리 회사의 특수한 상황을 고려할 때, 기존 방식으로는 성과를 내기 어려울 것이다."라는 식의 평가절하가 뒤따른다. 누가 여자들이 가십을 좋아한다고 했나? 남자들의 가십 사랑, 말도 못 한다.

이처럼 복잡하고 때로는 부당한 상황에 우리는 어떻게 대처해야 하는가? 나는 앞서 이야기한 경험들을 통해, 가만히 있으면 가마니가 된다는 사실을 깨달았다. '성실하게 일해서 성과를 내면 알아주겠지.'라는 건 순진한 생각이다. 상대는 1차원적으로만 생각하고 행동한다. 그러니 자신을 보호하기 위해서는 상황을 전략적으로 헤쳐나가는 수밖에 없다.

1. 소문의 근원지를 파악한다

소문을 누가 만들고 누가 유포하는지 아는 게 먼저다. 보통

이야기를 만드는 '루머 작가'와 이를 유통하는 '배달원'들은 분리되어 있다. 그리고 이 '배달원'들은 주로 술친구, 담배 친구일 가능성이 농후하니 그 라인을 파악해두자.

2. 거점을 마련한다

'작가'는 직접 만나면 입을 다물고 있을 가능성이 크다. 심지어 다른 소문을 만들어낼 수도 있다. '배달원' 한두 명을 공략해 커피를 마시고 점심을 먹자. 술자리가 아닌 맨정신의 대화가 핵심이다. 신뢰를 쌓으며 '작가'가 유포하는 루머에 대해 파악해야 한다.

3. 중심을 공략한다

'작가'에게 저녁식사나 술 한잔을 청한다. 상대는 당황하겠지만 궁금해서라도 한 번은 나올 것이다. 그 자리에서 그동안 확보한 루머에 대한 정보를 바탕으로, 상대가 납득할 만한 이야기를 제시해야 한다. 나는 이런 사람이고, 이런 사정으로 이 회사에 왔고 등등. 진실 앞에서 '작가'는 무력해질 수밖에 없다. 그리고 지금 힘든 상황에 대해 설명하고, 솔직하게 도움을 요청하자. 도움을 요청하는 순간, 그는 더 이상 방관자가 아니라 조력자 후보가 된다. 일방적인 해명보다는 상호 이해와 협력의 가능성을 제시하는 것이 바람직하다.

  그다음부터는 꾸준한 관계 관리다. 밥을 먹고, 대화방을 만들고, 뉴스와 근황을 공유하자. 내 업무 영역 안에 그들을 끌어들이면, 어느덧 운명 공동체가 된다. '너와 나의 업무가 연계되어 있다'라고 느끼게 만들어주는 순간 '나를 욕하는 것이 본인을 욕하는 것'이 된다. 그러면 불필요한 음해나 견제는 자연스럽게 줄어든다. 열에 아홉은 이 방법으로 상황을 예측 가능한 범위 내에서 통제할 수 있다. "적을 가까이 두라."라는 오랜 격언은 결코 틀리지 않았다.
  여성에게 리더의 자리는 아직도 시험대다. 실력보다 배경을 먼저 의심받는 사회에서, 우리는 뛰어난 실력보다 '존재' 자체를 증명해야 한다. 그러다 보니 때로는 구두에 술을 따라 마시는 것보다 더 지독한 심리적 '신고식'을 견뎌내야 한다. 하지만 그 어떤 소문이 돌아도, 내가 이 자리에 있는 이유는 분명하다. 실력이 있고, 열정이 있고, 끈기가 있기 때문이다. 그리고 당신도 마찬가지다. 리더의 자리에 올라 내가 뭘 해야 하는지 너무 전전긍긍하거나 불안해하지 않았으면 좋겠다. 이미 여성은 리더로서 존재하는 것만으로도 우리 세상의 경계를 새로 긋고 있기 때문이다.

우리의 찬란한 완주를 위하여

초판 1쇄 발행 2025년 8월 25일

지은이	이현승
펴낸이	신현만
펴낸곳	(주)커리어케어 출판본부 SAYKOREA

출판본부장	박진희
편집	양재화 손성원 김선도
마케팅	허성권
디자인	김선미

등록	2014년 1월 22일 (제2008-000060호)
주소	04779 서울시 성동구 성수일로 39-34 서울숲더스페이스 12F
전화	02-2286-3813
팩스	02-6008-3980
홈페이지	www.saykorea.co.kr
인스타그램	instagram.com/saykoreabooks
블로그	blog.naver.com/saykoreabooks

ⓒ (주)커리어케어 2025
ISBN 979-11-93239-34-6 03810

- 이 책은 저작권법에 따라 보호받는 저작물이므로 무단전재와 무단복제를 금합니다.
- 이 책 내용의 전부 또는 일부를 이용하려면 반드시 (주)커리어케어의 서면동의를 받아야 합니다.

※ 잘못된 책은 서점에서 바꾸어 드립니다.
※ 책값은 뒤표지에 있습니다.

SAY KOREA는 (주)커리어케어의 출판브랜드입니다.